プロフェッショナル経営参謀

杉田浩章
ボストン コンサルティング グループ 日本代表

日本経済新聞出版

はじめに

本書は読者にとってどんな意味があるのか？

経営参謀の仕事とは？

これから本書で語るのは、「経営参謀」の仕事についてである。

新たな技術革新によって、世の中が大きな、そして広範囲にわたって影響を受ける第四次産業革命を迎え、先が読めないＶＵＣＡの時代が続くといわれる中で、ますます重要になる能力・役割は〝プロフェッショナル〟としての経営参謀ではないだろうか。

ここで経営参謀の仕事を定義するなら、**「経営にとって今最も重要な問いを設定し、解くべき課題を見極め、議論の材料を経営層に突きつけて意思決定を迫ること」**となる。

つまり参謀の立場でありながら、みずからがトップであるかのように「正しい問いとは何か」を考え、経営の意思決定を自分ごととして仕事を組み立てていく。しかもそれは一度で終わるのではなく、何度も繰り返し回し続けなくてはいけない仕事だ。

実際に経営参謀の立場にいる読者からは、反論もあるだろう。「それは経営層や上司がやるべきことで、参謀は上からのオーダーを受けて仕事をこなすのが役割だ」と。

あるいは、「正しい問いの設定や意思決定ができないのは、トップが決断を先送りするからだ」とか「そもそも経営層から投げられるオーダーが曖昧すぎて、仕事が前に進まない」といった不満や嘆きもあるだろう。

しかし本書では、そうしたトップの状況を変えることこそ、参謀の役割であると位置づける。そして参謀の仕事の巧拙が、企業の意思決定の質を大きく左右するという前提に立って、経営参謀の役割について語っていきたい。

経営層も優秀な参謀を求めている

そう聞くと、「参謀とはずいぶん大変な仕事なのだな」と思うだろう。そして、その認識は間違っていない。修羅場も多いし、短期的に見れば割に合わない仕事と言っていい。

だが経営トップの意思決定に関与し、会社を動かしていく役割は、そうそう得られるものではない。**自分も経営層を目指しているのであれば、なおさら参謀の仕事は早く経験しておくべきだ。**修羅場を乗り越えた体験が、経営層になったときに必ず生きる。

それに実のところ、経営層も優秀な参謀を必要としている。自分とは異なる視点を持ち、こちらの頭を刺激してくれる人材が欲しいと思っているトップは非常に多い。

だが現実には、そんな参謀やその候補を持つことは難しい。そんな経営層の悩みを、これまで数多く耳にしてきた。

私自身、25年を超えるコンサルタント人生の中で、経営において参謀が果たすべき役割の重要性を痛感してきた。そして自分自身がクライアント企業の経営層にとって、良きパートナーであり参謀であることに努めてきたし、その企業の中で優秀な参謀を育成するお手伝いもしてきた。

だがその過程において、参謀の役割をわかりやすく定義し、それを果たすのに必要な思考や行動について、一人ひとりに明確に伝えることができたとは必ずしも思っていない。クライアント企業の幹部研修で講師を依頼されることもあるが、受講した皆さんの意識や行動が変わるほどのインパクトが与えられたのか、正直言って不安なところもある。

だからこそ本書において、参謀の仕事について改めて定義し、経営参謀として何が重要なのかのヒントを伝えたいと思っている。

成功するための単純な「ノウハウ」は存在しない

ただし本書では、問題解決の手法を体系的に提示するわけではないし、参謀として成功するためのノウハウを紹介するわけでもない。そもそも本書で取り上げるテーマは、教科書的に体系化することに意味がないと考えている。したがって残念ながら、「これさえやればうまくいくのだ」というスッキリした読後感を読者に与えられるとは思っていない。

私が本書を通して皆さんに提供したいのは、「気づき」である。

今まで知らなかった参謀の役割が存在することに気づき、それを果たすには自分の思考のクセや現時点での限界がどこにあるのかに気づき、自分を変えるには何からチャレンジすべきかに気づく。

そんな気づきを読者が得られたなら、本書の目的は達成できたと言っていい。

さらには、この本から得た気づきをもとに、ぜひ自分だけのチェックリストを作っていただきたい。これから腹を据えてトライすべきことや、日々の仕事の中で変えていくべきことをリスト化し、真の経営参謀に一歩ずつ近づくために活用してもらえたら大変嬉しく思う。

この本が皆さんが変わり始めるきっかけになれば、著者として望外の喜びである。

２０２０年５月

ボストン コンサルティング グループ 日本代表　杉田浩章

目次

第1章 経営参謀の仕事とは何か？

第2章 センスのない参謀のケース
——典型的なコケる10のパターンからの学び

第3章 課題と論点の見立て
——解くべき課題を設定し、潰していくべき論点の粒度と順序を見極める

第4章 意思決定シナリオのデザイン
——意思決定のメカニズムを読み、プロセスを組み立てる

第5章　議論の誘発
——考えさせられる材料と質問の突きつけで刺激する

第6章 参謀としてのセンスに必要な能力

能力その5
オーナーシップ 236

能力その6
人の心の動きを読む 240

第7章 明日からでもできるトレーニング

第1章

経営参謀の仕事とは何か？

参謀の仕事は、なぜ難しいのか

経営参謀の仕事は、なぜ難しいのか。

それは、「与えられた問いに答えを出す仕事ではないから」だ。

みずから正しい問いを立て、「なぜ今、それを解くべきか」について経営層と合意形成を図る。さらには、問いを突きつけることで、経営層に意思決定を迫る。

それが経営参謀の役割であり、果たすべき責任である。

「その問いに答えが出せれば、会社は良い方向へ変わるのか？」

「もっと別に考えるべき問いがあるのでは？」

「そんな問いの立て方で本当に意思決定できるのか？」

こうして次々と経営者から飛んでくる逆質問に耐え、問いを立てて合意形成に持ち込むには、経営テーマをどう料理するかをデザインし、具体的なワークフローを設計して、仕事全体を組み立てていく能力が求められる。

また、経営者に意思決定を迫るには、論点の組み立て方や段取りのセッティング、経営層への問いの突きつけ方やタイミングを見立てるセンスが必要だ。何から議論をスタートさせ、どんなシナリオを提示すれば経営層の頭を刺激できるか、意思決定をする際に阻害要因となるものは何かを想像した上で、必要な材料を準備し、アジェンダを設定して、最適なタイムスケジュールや段取りを組み、活発なディスカッションを引き出していく。

この一連の流れをデザインする能力がなければ、経営参謀の役割を果たすことはできない。

ロジックや整合性だけでは不十分

参謀に必要なのは、論理的思考力や全体の意見を構造化してまとめる力だと思われがちだ。しかし、そもそもの問いや議論のポイントがずれていたら、いくらロジカルで筋の通った分析をしようと、いくらきれいにまとまったコンテンツを作ろうと、経営層に良い意思決定を促すことはできない。

むしろ、相手の反論をロジカルシンキングでことごとく跳ね返したり、コンテンツが完璧であることにこだわって自分が賢い人間であることを誇示したいタイプは、経営層をイラつかせるだけで参謀としての役割は果たせないだろう。

本質的な問いを突きつけ、経営層をハッとさせる気づきを与えることができなければ、経営参謀が存在する意味はほとんどないと言っていい。

あるいは、経営層から与えられたお題を鵜呑みにし、十分な議論の機会を作らないまま、論理的で整合性のとれたパッケージだけを作り上げて、「社長のおっしゃる通り、この方向でいくべきだと思います」と短絡的に結論を出したがるタイプも多い。しかし本来は、「経営層がまだ自覚していない潜在的な関心や懸念はどこにあるのか」「この議論を進めたときに起こり得るトレードオフを乗り越えられるのか」といった、簡単に答えを出せない問題に向き合う気持ち悪さを抱えていくことでしか、正しい問いの設定や意思決定にはたどり着けない。

ロジックや整合性だけで相手を納得させようとする参謀は、その企業の経営を危うくしかねないことを肝に銘じるべきだろう。

重要度を増す参謀の役割

これからも先の見通せない不確実な経営環境が続くと思われる今の時代において、経営参謀の役割はますます重要度を増している。

歴史を振り返っても、参謀は平時より乱世において重用されてきた。三国志においても、日本の戦国時代においても、参謀は三顧の礼で迎えられるほど重要な存在だった。徳川幕府の時代も平時に見えて、実はある時期から乱世の兆しが見え始めている。そのときトップに対して、「今、意思決定すべきことは何か」「今、意思決定しなかったら手遅れになることは何か」といった本質的な問いを突きつけ、進言できる参謀こそが重要な役割を果たしてきた。上の言うことをうまくまとめて、下の人たちを丸め込むことが参謀の役割ではなかったはずだ。

ところが現代の日本企業においては、経営参謀の役割が機能していないケースが大半だ。株主によって外部から異質な取締役が送り込まれることが少なかったという背景もあり、多くの企業がずっと以前から「優秀な経営参謀の不在」という課題を抱えてきた。難しい局面や大きなチャンスを目の前にしたとき、組織の中で良い議論や意思決定がなされ、生まれ変わっていくことができた企業はごくわずかだ。

「本当の問いとは何か」を突き詰めることの重要性は、今になって突然注目されるようになったわけではない。**いつの時代も、正しい問いを立てることができたか否かで、その国や組織の栄枯盛衰が決まってきた。**それくらい本質的なテーマであり、真剣に問いを突き詰めていかなければ、企業経営は立ち行かなくなるリスクがあるということを、まずは理解していただきたい。

参謀の仕事を定義する

以上をまとめると、**「参謀とは意思決定者を正しく動かす役割を負い、それを実現する**

図表1　経営参謀の仕事、3つの要素

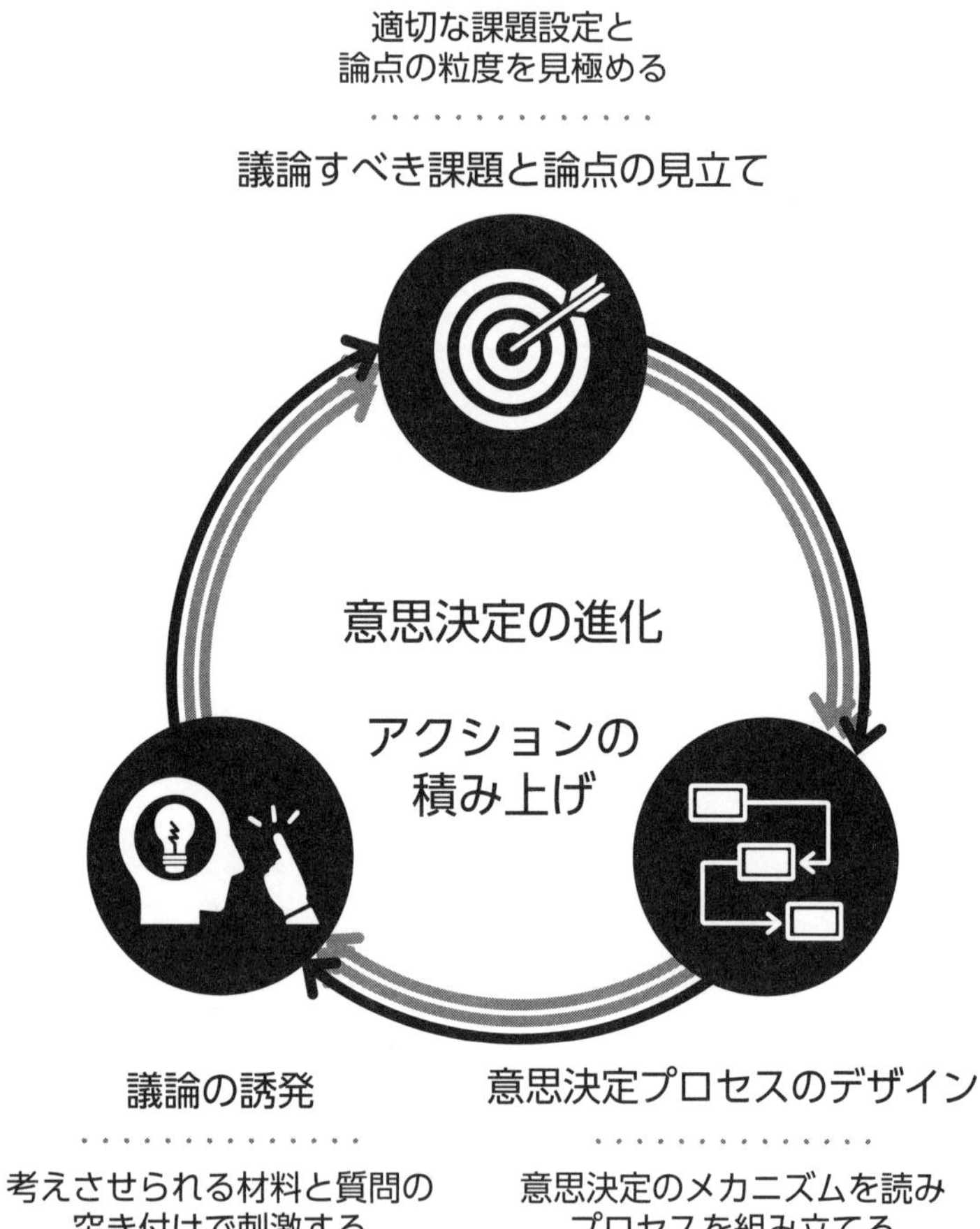
適切な課題設定と
論点の粒度を見極める
議論すべき課題と論点の見立て
意思決定の進化
アクションの
積み上げ
議論の誘発
考えさせられる材料と質問の
突き付けで刺激する
意思決定プロセスのデザイン
意思決定のメカニズムを読み
プロセスを組み立てる

ために最適な仕事をデザインする人物」となる。

この「仕事」をさらにくわしく定義すると、3つの要素に集約できる。

❶解くべき課題を設定し、潰していくべき論点の粒度と順序を見極める
❷意思決定のメカニズムとプロセスを組み立てる
❸刺激する材料と考えさせる質問を突きつける

この3つの要素とプロセスを有機的に組み合わせ、最適に回していくことが、すなわち「参謀の仕事」となる。

では、それぞれをくわしく解説していこう。

第1の要素

解くべき課題を設定し、潰していくべき論点の粒度と順序を見極める

とある企業の研修で出た「はてな?」

ある企業で部課長クラスの経営参謀的な仕事を期待されている幹部を対象に、課題設定をテーマに4カ月あまりの研修をしたときのことだ。研修をスタートする事前の宿題として、「良い課題設定とは何か」「課題設定をするために意識していることは何か」についてレポートの作成をお願いしたことがある。

さすがは経営層と普段からやりとりする幹部の面々であり、本などで勉強もされているのだろう。なかなか優れた内容だという印象を受けた。これだけの認識があれば、正しい課題設定ができてもおかしくないはずだ。

しかし実際は、それができていないと本人たちは悩んでいる。**認識して文章にまとめることと、現実の経営の中で起きる問題に向き合うこととの間には、それだけ大きな差があ**

るということだろう。

課題設定について認識していることを実践するには、日常でよく起きるケースや起き得ると予想されるパターンと結びつけ、「あの場面ではこうすべきだったのか」「こんな事象が起こったら、我々はこういう状態に陥っているのかもしれない」といった体感的なレベルで理解する必要がある。そこに多くの経営参謀は難しさを感じているようだ。

「そもそも課題設定とは何か」に悩む参謀たち

この研修のプログラムは、事前課題ありの毎回3時間、計6回、4カ月に及ぶものだった。その第一回の冒頭で、参加者はこの宿題について以下のような感想を述べている。

Aさん：このテーマを見て、「そもそも課題設定とは何か」という素朴な質問に戸惑った。自分でも、それっぽいことは漠然と考えているつもりだった。何か抽象的なものと具体的なアクションがあり、その間を埋めるのが課題で、それを解決するとゴールに行き着くというイメージだ。

だが具体的なケースを想定すると、それをうまく当てはめることができない。自分が考えている課題設定と実際の課題設定は、実はかなり違うのではないかと思い始めたところだ。

Bさん：最初に思い浮かんだのは、「良い課題設定とは、最短コースで結論を導き出せることではないか」ということ。だがそれでは、与えられたお題に対する解決策としての落としどころを考え、そこから逆算して課題設定することになりがちで、本当に意味のある課題設定なのかを突き詰めることにはならない。正しい課題設定とは何かなんて、まともに考えたことがなかった、というのが正直なところだ。

Cさん：役員会議の事務局としては、論点設定やQ＆Aの想定問答についてかなり工夫しているつもりだが、実際はなかなかうまくいかない。経営層から「こんな課題を解いてほしい」というテーマをもらい、そのお題を事務局のチームで検討させると、手のつけようのない状態の資料が上がってくるのが現状だ。それを見ると、質の良い課題を設定するだけでは不十分で、問いを解決に導くまでのプロセスや仕事の回し方まで意識して課題設定しないと意味がないように感じる。

これらの悩みは、経営参謀の仕事についてマニュアル的なノウハウを説明されただけでは、解決できないだろう。**結局は、自分自身が陥りやすいワナやそれを引き起こす要因を各自が深く理解し、自分なりのチェックリストを作成して、あとは実践で仕事を回し続けながらセンスを磨いていくしかない。**

チェックリストを作るには、典型的な失敗パターンと原因について知り、それが回避すべきポイントであることを認識する必要がある。その詳細は第2章で説明するとして、ここではまず参謀の仕事の第1要素に含まれる「課題設定の粒度」と「潰していくべき論点」について、さらにイメージを膨らませてもらうことにしよう。

この2点は要するに、「どのレベル（深さ・細かさ）で課題を設定するか」「どこまでスコープ（範囲）を広げて経営層に問いかけるべきか」だと理解してもらえばいい。

実は経営層も何を議論すべきかわかっていない

例えば、あなたが次のような場面に立ち会ったらどうするか考えてみてほしい。

経営層から参謀である自分に、ある事業の成長戦略を描いてほしいというお題が与えられた。しかし、その事業を取り巻く環境を考えると、このお題をそのまま課題として設定していいのかという疑問や迷いが生じる。

成長戦略を考える前に、そもそもの課題はこの事業が成長できていない背景的要因にあるのではないか？

あるいは、成長よりも持続的に収益性を高めることが今検討すべき真の課題なのでは？

それに成長といっても、既存の延長線上でどこまでストレッチできるかを求められているのか、あるいは事業構造を根本的に変革することで、いったん屈んでも中長期的に成長できる余地があるかの判断を求められているのか？

成長戦略を策定するにしても、事業の成長可能性だけを描けばいいのか、それと同時に組織や人材、ケイパビリティの問題をセットで議論しないと意味のある意思決定ができないのか？——

こうした問題を曖昧にしたまま成長戦略を描いても、問いの設定がずれている限り、解決策も見当違いである可能性が高くなる。本質的な問いを追究しないまま、短絡的に出した答えを経営層に持っていっても、「無駄に時間を使ってこんな的外れなことをやったのか」と呆れられるのがオチだろう。

ではこの場合、お題を出した経営層は何を期待していたのか。

実は最も多いのが、経営層も何をどのレベルで議論すればいいのかわからず、まずは課題と論点から明らかにしてほしいと思っているパターンだ。

経営層も、このままでは事業がダメになることは直感的にわかっている。だから成長戦略という言葉を使ってみたものの、「このお題で何を議論したいのか」「経営参謀に何をしてもらうための問いなのか」といったことは自分でもよくわかっていない。

こうしたケースは往々にしてある。

よって参謀は、まず課題設定や論点といった本質的なところをクリアにするために経営層と会話することから始めなくてはいけない。

ところが多くの人は、そのプロセスを省略し、「きっとこういうことだろう」と独りよがりの問いを設定し、そこから出た答えに簡単に飛びついてしまう。「技術革新を取り込んだ成長戦略を考えてほしい」と言われて、「ではデジタル技術を活用したイノベーションをどう起こすかですね」といったバズワードに乗った、誰もが言いそうな短絡的な課題設定を提案するようでは、参謀としての役割は果たせない。

もはや経営層だけでは答えを出せない時代

参謀としては、「なぜ経営層が自分たちで課題や論点を明確にしてからお題を出さないのか」と言いたくなるかもしれない。

その答えを代弁するなら、「経営のお題は難しいから」だ。身も蓋もない言い方に聞こえるかもしれないが、これが事実である。

しかもその難易度は、かつてないほど上がっている。**たとえ経営層でも、自分たちだけで簡単に答えを出せる時代ではなくなっているのだ。**

かつての右肩上がりの時代は、問いを立てるのもさほど難しくなかった。それまでの事業モデルを前提として、「どうすれば他社より成長速度を上げられるか」「どのようにシェアを高めて業界リーダーのポジションを獲得するか」といったことを、ある種の予定調和で考えればよかったからだ。

ところが、現在のように先が見通せない時代においては、「そもそもこの事業モデルを続けるべきなのか?」といった前提条件にまで立ち返る必要が出てくる。経営層が出したお題を疑い、ときには議論を振り出しに戻して、問いを設定し直すことが求められている。

そして参謀だけが、その役目を果たすことができる。だからこそ、「そもそもこの問いはうちの会社にとって正しい問いなのか?」という素朴な疑問を突きつけ、経営層と徹底的に議論することから始めなければいけない。

経営層の問いを想定し、構造化する

このように、経営層から出されるお題は課題や論点が明確ではなく、非常にぼんやりしていることが多い。

そこから正しく議論を導き、適切な意思決定を促すのが参謀の役割だ。したがって、意思決定のプロセス全体をデザインするセンスが不可欠となる。

どのような材料を用意し、相手にどう突きつければ、議論が活性化するか。議論の場をセットするタイミングや集めるメンバーの顔ぶれはどうするか。活発な議論を引き出すファシリテーションとはどんなものか。

こうした思考的準備をしながら、意思決定までの段取りや仕切りを組み立てていくことが参謀には求められる。

では、プロセスをデザインする際に最初にやるべきことは何か。

それは「議論の手順、組み立ての全体像を明らかにし、問いを構造化・ツリー化すること」だ。

前提条件にまで立ち返ったとき、経営層からどんな問いが飛んでくるかを想定して自分なりの仮説を立て、「問いのディシジョンツリー」を作っておく。それを経営層に示しながら、「どこまでの深さ・範囲で考え、意思決定しなければいけないか」について合意形成を図る。

それができて初めて具体的な検討に入っていけるのだ。

例えば、この本でもお世話になった出版業界を例にとってみよう。

この業界において成長戦略といえば、「いかに売れる本を作るか」「どうやってベストセラー作家をつかまえるか」といった話だった。

しかし今は、「そもそも紙の本を作っていていいのか？」という前提条件に立ち返って問いを設定し直す必要に迫られている。

だが、問いの設定がやっかいなのは、上位の問いを設定しても、そこから連鎖的に問いがつながっていくことだ。

この場合、最上位の問いを「そもそも紙の本を作っていていいのか？」と設定したとする。これに対し、「紙の本だけでは、これからの読者ニーズは満たせない」という議論になったとしよう。すると次に、「では、デジタルコンテンツで稼ぐビジネスモデルをいかに作り上げるのか？」という問いが設定される。

しかし、「紙の出版物からデジタルコンテンツに利益構造をシフトさせながら、いかに成長戦略を描くか」というお題は、経営層にとって完全に未知のものだ。よって「デジタルについて何の知見もない我々がそれを議論できるのか？」「デジタル分野において組織

図表2　議論すべき論点の構造化：ディシジョンツリー

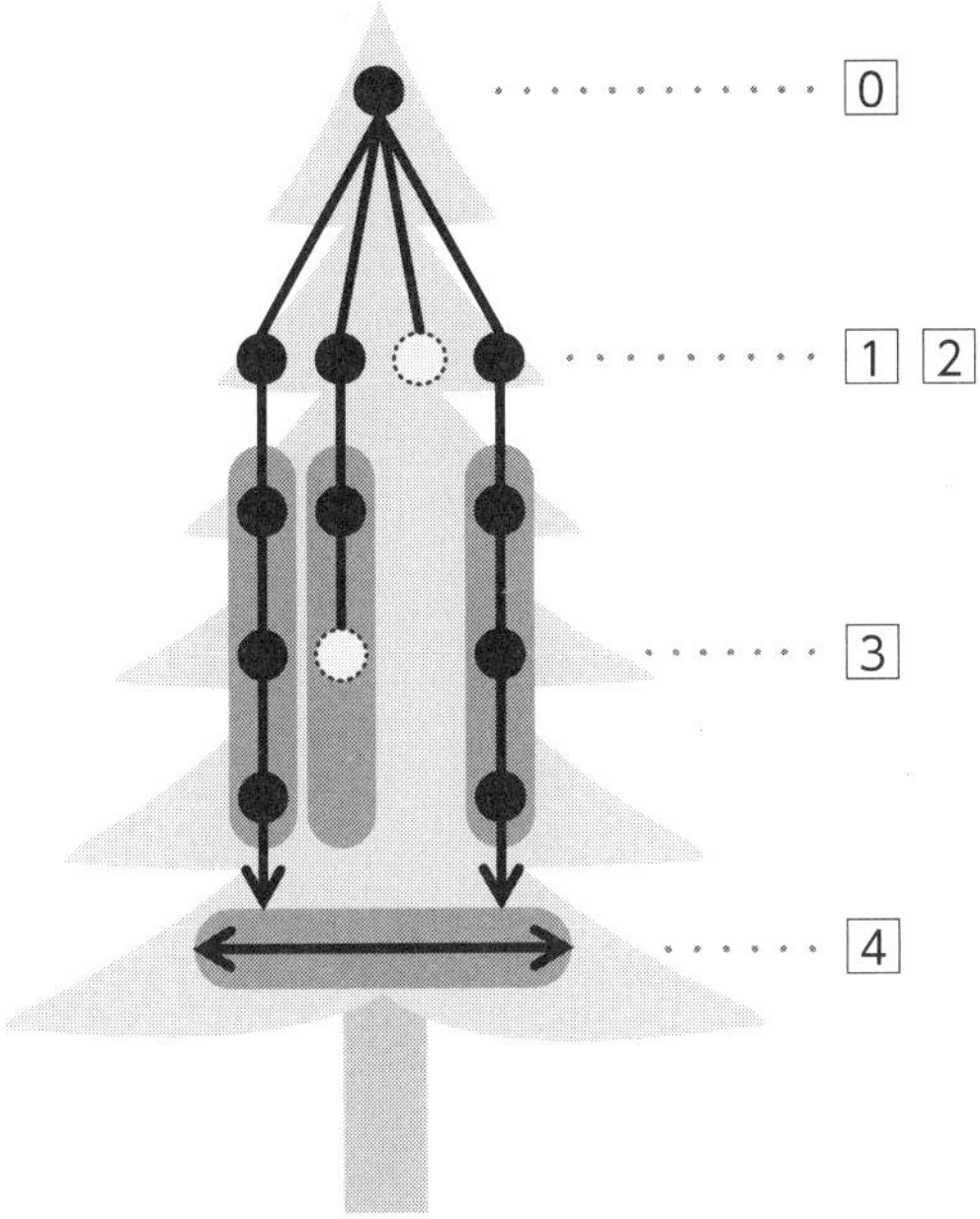

0 スタート地点の設定
・前提条件として確認すること/前提条件にしないことの“キワ”
・そもそも論のどこまで戻るか/戻らないか（特に、なぜこれを議論するのか、がどこまで共通認識か?）

1 論点の幅出し/視点を広げる
・気になること・仮説・疑うこと
・“なぜ”もあれば、“何を”もある（ケース次第）

2 論点の潰し込み/優先順位づけ・論点の順番/上位・下位の見極め

3 論点の掘り下げ
・目的、インパクト/ゴール、方法論の幅出し：“例えば・・・”

4 論点の再設計/意思決定に向けた組み直し
・シナリオ化、オプションとして統合化

的な強みを持たない我々がこの問いにどう答えを出すのか？」といった問いが経営層から飛んでくるだろう。

それらの問いを参謀はあらかじめ予想し、問いに答えるための材料や機会を準備して、正しい議論に導くためのプロセスを組み立てなくてはいけない。

これがすなわち、「問いのディシジョンツリー」を作る作業となる。

「デジタルコンテンツによる経営基盤を築かなければ自社に未来はない」とわかったとしても、だからと言っていきなり社運を賭けて全面的にデジタルへ移行するという結論にはならないはずだ。

紙に印刷して書店に流通させるというビジネスで稼いできた出版社が、過去の強みを活かせないデジタルの世界で収益を上げられるのか。あるいは、デジタルにシフトしたときにビジネスを回せるだけのケイパビリティがあるのか。ないとしたら、どうやって今いる社員たちを新しい環境に適合できる人材に変えていくのか。それができないなら、人材ポートフォリオを大胆に切り替えていくのか。どうやってそれを実現するのか。

こうした問いが経営層から出されることを想定し、全体の構造を示しながら議論することで、「何が本当に重要な問いであり、論点なのか」に経営層自身が気づくよう促すのが参謀の役割だ。

自分なりの仮説を提示して相手の反応をつかむ

繰り返しになるが、与えられたお題をそのまま鵜呑みにして、自分の解釈で拙速に答えを出そうとするのは論外だ。かといって、「なぜこのお題なんですか」と経営層を真正面から問いつめても、まともな答えは返ってこないだろう。

それよりも、「この問いをクリアにするために必要な情報やアプローチはこれだろう」という仮説を持ち、経営層に提示して相手の反応をつかみにいくべきだ。

出版業界のケースなら、紙の本をベースとしながらデジタル分野で新たな挑戦を始めている海外の先行事例を提示し、その企業がどのような問いを設定し、どんな意思決定を経て実行したのかといったケースを紹介するなどして、経営層の頭が回り始めるように仕向けることになる。

こうしたアプローチにより、解くべき課題をどの粒度で設定するか、どこまで範囲を広げて議論していくべきかが明らかになっていくはずだ。

もちろんその結果、想定していたのとは別の論点が見つかったり、これまで隠れていた経営層の本当の関心事が明らかになったりすることも多い。**こうした予想外のポイントを的確につかみ、次の作業に素早く折り込んで、プロセス全体を調整しながら意思決定へ持**

ち込む柔軟性も参謀には求められる。

自分なりの仮説を持ち、描いたシナリオを経営層に示しながら相手の思考を膨らませて、意思決定に向けて前へ進ませる。この非常にクリエイティブな作業こそが、経営参謀の重要な仕事となる。

第2の要素

意思決定のメカニズムとプロセスを組み立てる

適切な課題を設定し、潰していくべき論点を提示できたとしても、それだけでは議論は前に進まない。意思決定のメカニズムを理解し、そこへ到達させるまでのプロセスを組み立てるデザイン力や設計力が参謀には必要となる。

経営層が何に引っかかるかを想像しつつ、さまざまな情報や材料を相手にぶつけてみる。それがヒットしなければ、「これは外れたが、あの反応を見ると、これが当たりかもしれない」という気づきを得た上で、新たにプロセスを組み立て直す。この作業を機敏かつスピーディに回していかなくてはいけない。**意思決定までのプロセスは、決して予定調和では設計できない。**

プロセス構築する上で参謀に求められる力は、主に2点ある。

❶ 経営層の反応から気づきを得る「直感力」

プロセスを組み立てる過程で参謀に求められるのは、ある種の直感力だ。経営層との議論の中で、「どうやらこのルートが正しいようだから、このまま直進しよう」と判断するのか、「これを続けても前に進まないから、方向転換しよう」と判断するのか。こうした見極めには、緻密ではあるが臨機応変に対応できるフレキシブルなセンスが不可欠となる。

誤解のないように言っておくと、ここでいう直感力とは、単なる勘や一か八かの賭けなどではない。**経営層を相手にテストを繰り返し、そこから得た反応をもとに「次はこうした方がいいだろう」と先を読む力のことだ。**

したがって、経営層と議論しても、「いいね、そんな感じで進めておいて」という反応ともいえない反応しか引き出せないのは参謀として最悪である。直感を働かせるためのヒントを相手から何も得られなければ、今のまま進めればいいのか、他の道筋や材料を提示すべきなのかもわからない。

だからこそ「第1の要素」で解説したように、自分なりの仮説を提示しながら相手の反応をつかんだり、次の「第3の要素」で述べるように、経営層の頭を刺激する会話のスキルが重要となる。

❷ 先を読んでワークに落とし込む「段取り力」

プロセスを組み立てるために考えるべきなのは、議論の方法だけではない。**段取りやタイムスケジュールを組み立てるのも参謀の重要な役割だ。**

議論すべき論点がいくつもあるとき、まとまった時間をとって一気に議論を煮詰めた方がいいのか。それとも、小さなゴールをいくつか設定し、複数回に分けて議論した方がいいのか。忙しい経営層に合わせて1時間の会議を複数回セットするのか、それとも集中して議論するために経営層のスケジュールを丸1日押さえるべきか。そのミックスか。

こうした細かい設計をしないと生産的な議論はできない。

他にも、会議のメンバーは誰をアサインするか、議論の場をどうファシリテーションするか、会議後のラップアップでどのように議論をまとめて次のステップにつなげるかなど、段取りすべきことは山ほどある。これらの一つひとつを設計しなければ、議論の手順や用意すべき資料、当日の時間配分なども決まらない。

常に先をイメージしつつ段取りやスケジュールを組み、実際の議論の中で直感力を働かせて論点をつかみながら、次にやるべきワークを組み立てる。このサイクルを迅速に回せる能力が参謀には求められる。

図表3　人を動かすプロセス＝梃子（てこ）

誰のインサイト（＝“梃子”）を、いつ得ることが
最適な意思決定を導くのかを読んで、
プロセス全体をデザインすることが必要

第3の要素

刺激する材料と考えさせる質問を突きつける

経営層から反発の言葉が返ってきたら材料として上出来

意思決定に向けて議論を前に進めるには、経営層の頭を刺激するための材料が欠かせない。どんな情報やアプローチなら、議論が活性化するか。それを考えた上で、経営層に向き合わなくてはいけない。

活性化の材料として出来がいいのは、相手から反発の言葉が返ってくるようなものだ。

「いや、世の中はそうかもしれないけど、うちは違うでしょ」「そんなことをしたら、既存事業や社員たちはどうなるの」といったセリフが経営層の口をついて出てきたら、上出来と考えていい。

なぜなら、「最初に経営層が懸念するのはここなのだ」という議論の入り口がつかめるからだ。したがってまずはこの論点を潰す、あるいはいったん棚上げにすることを合意していけば、もっと根っこの部分にある本質的な論点もいち早く見えてくる。

例えば新規事業に参入するかどうかを意思決定する上で、「そのマーケットは大きいのか？」「レッドオーシャンではないか？」といった懸念が経営層から出されるのは容易に想像がつく。しかし参謀として、本質的な論点は他にあると考えるのであれば、市場規模や他社の参入状況、収益性の見立てなどの基礎的な分析はさっさと済ませ、その結果を示して経営者が特に懸念するポイントを早く抽出できるとよい。

そうすれば、「参入する・しないを決める本質的な論点は何か」という本題の検討にすぐ入っていける。

先ほど例に挙げた出版業界のケースなら、いくら「ネットビジネスの市場は拡大していて、収益性も高い」と示しても、それだけで経営層が「紙の本からデジタルコンテンツに移行する」と意思決定できるわけではない。「こちらのマーケットの方が大きいから、早く移行しないとうちの会社はなくなるかもしれない」と危機感をあおったところで、それだけでは本質的な議論にはならないだろう。

デジタル化するとしたら自社にとって何が大きなチャレンジになるのか、紙からネットの世界へシフトすることは自分たちにどんな課題設定を迫ることを意味しているのか。こうした本質的な議論に入っていかないかぎり、いつまで経っても意思決定にはたどり着け

図表４　人間の意識＝氷山

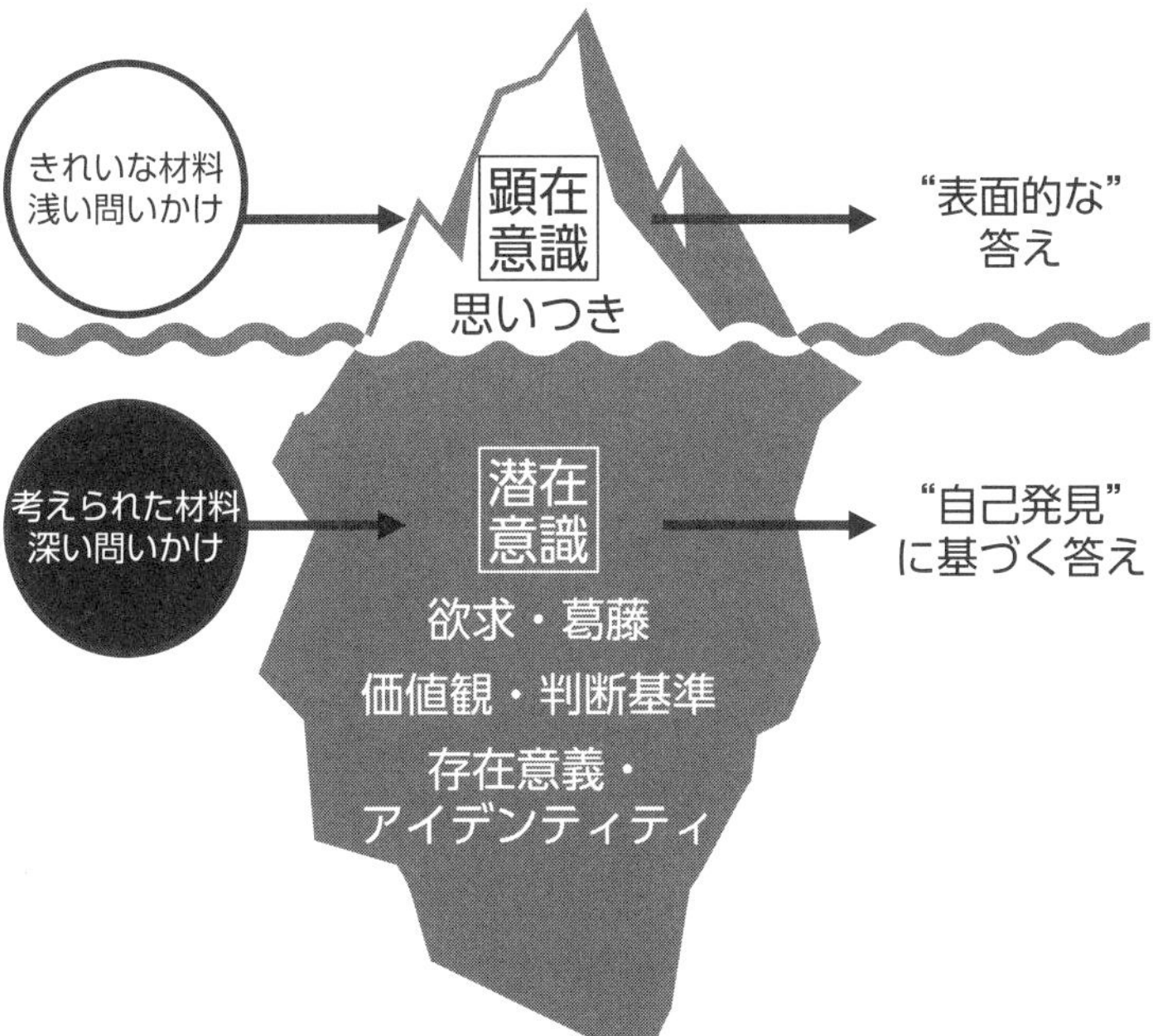
きれいな材料
浅い問いかけ
顕在
意識
思いつき
“表面的な”
答え
考えられた材料
深い問いかけ
潜在
意識
欲求・葛藤
価値観・判断基準
存在意義・
アイデンティティ
“自己発見”
に基づく答え

ない。

議論を本質的なところまで深めるには、参謀が効果的な材料や議論のフレームを用意する必要がある。世界のメディア業界で何が起きているのか、その背景にはどのような構造的要因があるのか、ネット事業で持続的な収益を上げ続けるにはどんなケイパビリティが必要で、それは自社の現状とどの程度のギャップがあるのか。これらの問いに答えられる材料を提示し、経営層の理解を深めた上でなければ、意思決定できるレベルにまで議論は深まらない。さらには、デジタル領域にくわしいゲストを招いて話を聞く、海外のインターネット企業を視察するといった仕掛けが必要になることもあるだろう。

何を提示すれば経営層の頭が刺激され、どのタイミングで本質的な質問を突きつければ、意思決定につながるのか。そのプロセスを設計できるセンスやイマジネーションがあるかどうかが、参謀の資質を左右することになる。

経営参謀にはあらゆる局面でセンスが必要

以上の3つの要素すべてに、「センス」「イマジネーション」「直感力」といった言葉が含まれることを意外に感じる読者もいるだろう。参謀に必要なのは、論理的思考力やコンテンツをきれいにまとめる力だと考えている人が多いからだ。

しかし参謀の仕事をしていると、こうした感覚こそがあらゆる場面で必要となる。**これらの感覚は、生まれ持った能力とは関係ない。日々の経験の中での努力や工夫で、高めていくことができる。**

参謀としてのセンスを磨くために、ぜひ次のことを実践していただきたい。

経営層の反応を想像し、想定される論点を書き出す

前述の通り、プロセスをデザインする際は、問いを構造化・ツリー化することから始めなくてはいけない。

そのためには、議論する役員の顔や反応を虫の目レベルで想像したり、自社の置かれた状況を第三者的に俯瞰（ふかん）する鳥の目で眺めたりしながら、何が論点になるかをイメージし、それを書き出してみる作業が不可欠である。

ツリーの最上位に置く問いは何になるか。その問いに答えるには、どんな論点を潰していくことになるか。議論を進めたとき、意見が割れて紛糾しそうなのはどの論点か。そこから意思決定へ導くには、どういう材料を用意すればいいか。

こうしたことを虫の目・鳥の目で多角的かつ具体的にイメージしながら、想定される論点を書き出して、問いの全体像を構造化する。この繰り返しによって、プロセスを設計す

るセンスが磨かれていく。

他者の知見や視点を活用する

論点を描き出す作業は、自分一人でやる必要はない。**むしろ自分の頭だけで想像できる世界には限界があると考え、他者の知見を活用すべきだ。**

社内外の有識者の知恵や先行する業界・企業の事例など、イメージする際の材料になる情報やケーススタディは世の中にたくさんある。それを取り入れながら想像することで、直感が働きやすくなったり、良い気づきが生まれたりする。

自分の狭い経験に基づく狭い思考範囲の中だけで決めつけてしまう前に、より広い視点を取り入れ、センスがいい人の頭をうまく活用しながら仮説を膨らませていく。この方が自分にとっても得だし、効果的だ。

そのためには、普段から人的ネットワークを作っておく必要がある。

誰かの頭を借りたいとき、その領域やテーマに通じた相手との人脈があれば、すぐに話を聞いたり情報の提供を依頼できる。社内・社外を問わず、自分から見ていい視点を持っている、ものの見立て方のセンスがいいと感じる人たちとのつながりを積極的に作っておきたい。

ディスカッションパートナーを持つ

先ほどの「一人で考えない」という話にも通じるが、自分の頭だけで考えても想像や直感がうまく働かないときは、誰かを相手にディスカッションすることを勧めたい。

例えば、ある経営層の反応がどうしても読めないなら、その人物のことをよく知る社内の人間と議論してみる。あるいは、人物像を伝えただけで仮説やヒントを出せるような人とブレストする。意見を交わすうちにイメージが膨らみ、自分一人で想像していたときにはなかった気づきや感覚が得られるだろう。

フォーマルな会議や作業に取りかかる前に、議論のカギを握りそうな担当役員に「この論点にこんな材料が出てきたら、良い議論になると思うか」とストレートに聞いてみてもいい。事前にラフなディスカッションをすることで、オフィシャルな議論に入ったときの経営層の反応をよりリアルに想像できる。

こうして誰かと議論することは、いわばボクシングのスパーリングのようなものだ。スパーリングパートナーと打ち合うことで、自分の感覚も鍛えられる。**何かあればすぐに議論できるディスカッションパートナーを持つことも、参謀には必要となる。**

以上が参謀としてのセンスを磨く方法である。

繰り返しになるが、論理的思考力やコンテンツをきれいにまとめる力だけでは、先の読めない時代の参謀に必要な役割は果たせない。むしろ、これらの力に頼って議論を推し進めようとする参謀は、これからの時代、間違った方向に意思決定を導くリスクをはらんでいる。

経営層からの質問に対して、自分の分析がいかに優れているかを理路整然と語ることはできても、相手が本当は何を聞きたかったのか、その裏にある真意は何かに目を向けようとしない。1時間のミーティングのうち50分間を一方的なプレゼンテーションに費やし、経営層がその内容を咀嚼（そしゃく）しきれないうちに時間切れになってしまう。

だから経営層は、「じゃあ、その方向で進めておいて」と言うしかないのだ。

もし議論終了後にこのセリフが出たら、参謀は自分に参謀としての資質がないと自覚すべきである。そして今すぐにでも、参謀として必要なセンスを磨くための努力をしてもらいたい。

第1章のまとめ

- 参謀の仕事は、与えられた問いに答えを出すことではない。みずから正しい問いを立て、「なぜ今、それを解くべきか」について経営層と合意形成を図る。さらには、問いを突きつけることで、経営層に意思決定を迫ることにある。
- 参謀の仕事は、次の3つの要素に集約できる。

1 解くべき課題の設定と、潰していくべき論点の粒度と順序を見極める
2 意思決定のメカニズムとプロセスを組み立てる
3 刺激する材料と考えさせる質問を突きつける

これらを組み合わせ、最適に回していくことが重要である

対談 1

経営参謀はCEOのカウンターパートである

リクルートホールディングス 顧問
池内省五氏

危機感や違和感を突き詰めて考える

杉田　お世辞抜きで、私は池内さんを尊敬しているんですよ。最初にお会いしたのは2000年代の初め頃でしたが、池内さんはまだ経営企画室の次長クラスのポジションでありながら、経営層を動かしておられた。

当時のリクルートは「紙メディアからネットへの移行」というテーマに直面した時期でした。そこから新規事業をどのように作り上げていくのか、そしていかにしてHRの領域でグローバルナンバーワンになるかという十数年にわたる長期的なトランスフォーメーションを牽引し、参謀として経営層に問いを突きつけながら変革を導いてきたのは、間違いなく池内さんの手腕だと思います。

池内　ありがとうございます。私には、「経営参謀はＣＥＯのカウンターパートであるべき」という信念が若い頃からありました。ＣＥＯがある戦略を実行したいと考えているとしたら、自分は別の視点から他のオプションを提案する。これが経営参謀の最大の役割だと考えています。

杉田　「若い頃から」とおっしゃいましたが、その信念を持つきっかけとなった体験があったのですか。

池内　ええ、20代後半から30代前半の経験が非常に大きかったと思います。私は１９８８年に入社しましたが、直後にリクルート事件が起こり、さらにバブル崩壊が追い打ちをかけて経営が傾き、１９９２年にダイエーの傘下に入るという世間でいう「ダイエーショック」へとつながった。だから20代の頃は、常に会社が潰れるのではないかという圧倒的な危機感がありました。

次に訪れた変化が、１９９５年のインターネット日本上陸です。すでに私はそれ以前に、経営企画室の先輩から「米国で軍用として開発されたインターネットが商業用に使われ始めた」と聞いていました。そして先輩たちは、「これが日本に入ってきたら、そのインパクトは計り知れないぞ」という熱のこもったディスカッションを繰り広げていました。
先輩たちが当時抱いていた危機感は、「情報誌ビジネスのプロダクトライフサイクルが間もなく終焉を迎える」という現実に対するものであり、議論のテーマは「この問題意識をどう具体化し、経営陣や社内に発信していくべきか」というものでした。20代後半だった私は、それをずっと横目で見てきたのです。

杉田　経営に対する危機意識を強く実感する環境があったわけですね。

池内　それで、私自身も、同じような問題意識を持つ社内の有志と議論したり、社外の有識者に話を聞きに行ったりするようになりました。当時ベストセラーだったビジネス書を読んで感激し、出版社に問い合わせて著者の連絡先を教えてもらい、アポを取って会いに行ったこともあります。

いけうち・しょうご
1988年、株式会社リクルート（現・リクルートホールディングス）入社。2000年より経営企画室にて、中長期成長戦略策定に携わるとともに、新規事業開発と海外展開の推進に従事。2005年、執行役員。2012年、取締役。2014年、リクルートUSA代表取締役。2016年、取締役兼専務執行役員、2019年より取締役兼専務執行役員CHRO。2020年6月より現職。

「自分はリクルートの問題についてこう考えているが、どう思われますか」と質問して。ご当人は、「初対面の人間がいきなり来て、こんな話を切り出されて、何事だろう?」と驚かれていましたが、こういうプロフェッショナルの方々は知らない人間が相手でもちゃんと議論に応えてくれたという記憶があります。

まだ杉田さんが入る前のボストン　コンサルティング　グループでマネジャーをしていた方にも、知人に紹介してもらって、会いに行ったことがあります。経営のプロはこんな視点で物事を見ているのかと非常に刺激を受けました。

こうした時間は私にとって至高の体験で、社内の人間と話しているだけでは得られない気づきや学びがありました。もともと私は、自分の中の違和感を重視しており、「あの役員はこう言っているが、なんか変だな」と感じたら、「なぜ変だと思うのか」をずっと考え続けるのが苦にならないタイプでした。だからその違和感について社外の方に意見を求めると、自分とはまったく異なる切り口でアドバイスをいただけるのがとても楽しかったし、その後、経営参謀として課題を設定するのに非常に役立ちました。

課題設定の重要性を思い知らされた20代の失敗体験

杉田　今お話に出た「課題設定」の難しさは、経営参謀の多くが実感しています。池内さんは、課題設定において重要なことは何だとお考えですか。

池内　その答えにつながるエポックメイキングな体験があります。これも20代後半の頃ですが、バブル崩壊による新卒採用市場の縮小を受けて、新たな競争戦略を策定することになりました。

そこで私たちは新卒採用支援サービスを利用している企業の分析を行ったところ、自分たちが思っていた以上に競合他社とだけ取引している企業が多いことを突き止めました。簡単に言うと、「リクルートだけを使っている企業」と「リクルートと競合他社の両方を使っている企業」と「競合他社だけを使っている企業」が社数ベースでそれぞれ3分の1ずつあったのです。

そこで私はこのファクトを事業部長会議で示し、「なぜリクルートと取引しない企業が3分の1もあるかといえば、競合の単価が桁違いに低いからだ。よって、競合と同じかそれ以下の価格帯の新商品を作り、このセグメントの企業に営業をかけるべきである」と提案し、役員と部次長会の承認を得て専任の営業部隊も作ってもらいました。

結果から言うと、この戦略はその年度は大きな成果を上げました。ところが後になって、自分自身の課題設定の筋が悪かったと思い知らされることになったのです。

杉田　何があったのですか。

池内　新卒採用は年に一度ですから、最初の年はこの新しい戦略が功を奏したわけですが、翌年になるとこれまでリクルートと太い取引を続けていただいていたお客様にも噂が伝わります。「他社にはもっと低価格の商品を売っているらしい」と。

するとと既存の顧客に営業しても、「うちもあの会社と同じ安い商品でいいよ」と言われてしまう。当然、販売単価は下がり、私は翌年、事業幹部から、厳しく叱られました。

杉田　その時点では成功したように思えても、異なる視点や時間軸で捉えると、実は課題設定が間違っていたのではないか。こうしたことは常に起こるし、多くの経営参謀が経験しているはずです。

池内　私の場合も、お客様の行動を複数年度で捉えるという長期的な視点に欠けていたことを痛感しました。本当は何を最重要課題として設定すべきだったか。それを後から反省したときに、「企業の採用課題のその先の経営戦略にまで入り込んで伴走する圧倒的な顧客接点を持つリクルートの強みを活かして、強固な信頼関係を維持すること」を主戦略とすべきだったのではないかとも考えました。

単価の下落という問題も大きいが、実は顧客ベースを失うことの方が、長期的には企業や事業の価値を減じることに直結する。もう30年近く前の話ですが、なぜ自分はそのことに気づかなかったのかという思いは強く残っています。

狼少年と言われても「ネットが来る」と伝え続けた

杉田　もう1つの課題設定としては、先ほども話に出た「インターネットの脅威」がありました。このテーマについてどうすれば経営層に本気で議論してもらえるか、経営参謀として池内さんが粘り強く取り組み続けた姿を私もコンサルタントとして間近で見てきました。

池内さんは経営層に繰り返し伝えましたよね。「ネットの時代が来る、紙はダメになる」と。でも実際にネットの時代が来るまでにはタイムラグがあって、その間はリクルートの収益の大部分を既存の紙媒体事業が生み出す状況が続きました。

池内　だから私は社内で「狼少年」と呼ばれていた（笑）。来るぞ、来るぞと言っているのに、全然来ないじゃないかと。

インターネットの到来によって既存ビジネスの収益性がどれくらい失われるかを分析し、取締役会に提案したこともありますが、そのとき、失笑された方がいらっしゃったと思います。「またまた大げさなことを言って」と。その分析シミュレーションでは、当時の営業利益が、5年後には10分の1になるという数字が出て、私自身もそうなるリスクがあると思っていました。でも経営層の大半は、「さすがにそんなことにはならないだろう」と考えたということです。

杉田　目の前の状況が変化しないうちは、経営層はなかなか真剣に議論しようとは思わない。その中で今解くべき課題を設定し、場合によっては何年もその温度感を維持しながら、経営層に考えさせるための材料や質問を突きつけ続けた。その姿が非常に印象的でした。

池内　周囲の同僚からも「池内は、10年くらい同じこと言ってるよ！」とよく言われました。

でも私としては、今この課題に取り組めば、我々はもっといいポジションを取れる可能性があるのに、環境の変化にただアジャストするだけの経営になるのが嫌だったのです。

20代の頃から「このままでは自分たちは生き残れない」という圧倒的な危機感を感じてきた中で、「今度は広告メディア業界そのものやバリューチェーンのプロセスが再構築されるかもしれない」という脅威論が私の中で強まっていきました。つまり、杉田さんたちがよくおっしゃっている「デコンストラクション」が起こるだろうと考えたのです。

一方で、社内には早い段階から「eコマースをやってみたい」とか「P2Pのサービスをやればリクルートが絶対にナンバーワンになれる」といった提案をしてくる若手がたくさんいました。この若者たちの思いや私たちの直感をどうすれば経営層に理解してもらえるか。１９９０年代の終わりから２００５年くらいまでは、そのボールを延々と経営層に投げ続けたような気がします。

自分自身を手段として使う覚悟と割り切り

杉田　そこから経営層を本気で議論させるに至ったブレークスルーはあったのですか。

池内　ある人から私の経営層に対するスイッチの押し方が下手だと指摘されたことが、自分をドライブする大きなきっかけになりました。当時ボストン　コンサルティング　グループの日本代表だった内田和成さんに言われたんです。「あなたって〝桜散る〟の美学だよね」と。

どういう意味かというと、「これが正しいに決まっているじゃないですか」と正論を正論のままぶつけて、それが受け入れられないと「理解できない相手が悪い」と相手を責めながら玉砕する。「それって昔の青年将校みたいだよね」と内田さんに言われました。

例えば上司と意見が合わないときに、正論を振りかざして「AだからB、BだからC、よって結論はDに決まっている」なんて言ったら、相当に相手の感情を逆なですることになる。「あなたは自分がそういうコミュニケーションをしていることに気づいていますか」とはっきり指摘されました。

杉田　確かにそんな伝え方をすれば、「そんなこともわからないなんて、あなたは頭が悪いんじゃないですか」と言っているようなものですね。

池内　続けて内田さんは、「そんなに強い思いがあるなら、それを明確に目的として設定し、他はすべて手段として割り切りなさい。今のあなたにはその覚悟が足りないから、経営層を動かすことができないのだ」とおっしゃいました。

その言葉に、私は心臓を撃ち抜かれたような衝撃を受けました。経営層も私が正しいことを言っているのは理解している。ただし、それだけでは賛同者になってもらえない。人はどんなときに動くのか、どうしたら相手の共感を得られるのか。それを考え、目的を達成するために自分自身を道具として使うくらいの覚悟を持たなければ、最終的な成果には結びつかないのだ。そう思い知らされた一言でした。

杉田　池内さんのように「このままではいけない」という非常に強い思いを持っていることは、経営参謀として大事な資質です。ただ、その思いを実現することが目的なのであれば、自分がやるべきことはすべてそれを達成するための手段なのだと割り切ることも必要になります。

私が見てきた限り、池内さんはこの「目的と手段」の切り分けを非常にうまく実践されて、経営層に議論や行動を促していました。きっとその体験以降、ご自分の振る舞いを変えられたのでしょうね。

池内　実際には、どこまで自分の行動を変えられたかわかりませんが、少なくとも意識はするようになりました。相手が言っていることの筋が悪いと思っても、いきなりそれを指摘したりせず、まずは最後まで話を聞いて共感を示すように多少は心がけようと。

例えば、相手の意見をいったん受け止めた上で、「おっしゃる通りですが、確認したいことがあるので3つ質問してもよろしいですか？」といった切り返しをして、自分の意見や考えとのすり合わせをしていく。そうしたことを少しは、心がけるようになったのは、自分にとって大きな変化だったと感じています。

常に「このままではまずい」と思い続けている

杉田　リクルートという会社のすごさは、課題を設定し、それにいったん答えを出しても、「また新たな脅威が訪れる」という前提で次の課題を設定し、また答えを出そうとする。アジェンダを変えながら、常に課題設定を続けていることが貴社の大きな強みだと感じます。

一度大きな構造改革を成し遂げるとそれで満足してしまい、次の課題になかなか目を向けようとしない企業も多い中、リクルートがアジェンダをセットし続けることができたのは、やはり経営参謀として池内さんが果たした役割は大きかったのではないかと思いますが、いかがですか。

池内　どうでしょうね。実は私自身は、何かを成し遂げたと感じたことがいまだにないんですよ。

１９９０年代後半から我々がインターネットプレーヤーとの競争を続けてきた中で、素晴らしい成果を上げられたかと問われると、自己評価はあまり高くありません。先ほども話したように、ｅコマースビジネスにもっと早く参入できるタイミングとチャンスがあったのに逃してしまったり、他にもヤフーオークションやイーベイのようなビジネスが社内から具体的な提案として上がってきたのに、それを採用できなかった経験がありますから。だから成功体験もそんなにあるわけでもなく、「これで大丈夫」と安心したこともない。常に「今のままではまずい！」と思い続けている状態がずっと続いているという感覚です。

杉田　そういう人間は組織にとって重要です。たとえ狼少年と言われようと、他の人たちが認識していない危機を察知して、「常に危機は訪れる」と伝え続けることは経営参謀としての大切な役目です。

ただ、「周囲が認識していないものを自分だけが認識し、それを発信し続ける」という役回りをずっと続けていくのは、大変ではありませんか？

池内　意外と、結構楽しかったと思っています。私が危機意識を持ち続けているのは、お客様からの指摘によるところが大きいと思います。20代後半に、経営企画室とは別の名刺を作って、お客様のところへインタビューに行ったことがあります。そこで、びっくりするようなことを言われるんですね。当時は、リクルートのサービスに対して、とてつもなく否定的な見方をされるケースが想像以上に多かった。そこで「これはまずいぞ」と思うことが、私にとって変革のドライバーになりました。

もちろん頭ではネガティブな意見もあるだろうとわかっていたつもりでしたが、お客様に直接言われるとインパクトが桁違いに大きかった。強烈な気づきをもらってそのときは驚きましたが、今思えばそれも楽しい体験でした。

お客様だけでなく、杉田さんをはじめとする社外の人たちとのコミュニケーションからも、同様にたくさんの気づきをもらっています。ＧＡＦＡに転職した元部下とたまに食事をしたりすると、米国で起こっている新しい変化の芽について教えてもらうことも多い。するとその瞬間、「これはまずいぞ」と思うわけです。

だから危機意識を持ち続けるために何か特別な努力や苦労をしているわけではなく、勝手に危機意識が生まれてくるという感じでしょうか。

「好奇心」と「洞察力」は参謀に必須の資質

杉田　今の話を聞くと、池内さんは多様な人たちが発するちょっとしたヒントを見逃さず、そこにどんな意味があるのかを自分なりに解釈し、会社としてのアジェンダに置き換えていくセンスが極めて高いと感じます。

私はこの「センス」というものが経営参謀にとって大変重要であると考えていますが、実際にはセンスがいい人もいれば悪い人もいます。池内さんは、何がその差を生むのだとお考えですか。

池内　あるヘッドハンティングの会社とディスカッションしたときに聞いたのですが、その会社は世界中の有名企業のＣＥＯを評価するフォーマットを持っていて、特に、世界に大きなインパクトとイノベーションを与えている企業のＣＥＯは、「好奇心（curiosity）」「洞察力（insight）」が極めて強い傾向があると聞きました。

これは私も同感で、何らかの変化や危機の兆しが見えたとき、一時的には誰もがおかしいと思うんですよ。ところがその次に、「なぜ、おかしいのだろう？」と考え続けるかどうかは個人差がある。それは好奇心の強さに関わってくるし、もしかしたらインサイト、つまり洞察力にもつながるかもしれません。目の前のことに好奇心を持ち、その原因や背景を地下20メートルくらいまで深く掘り進められる人が、結果的に洞察力が高いと言えるのではないかと。

ですから経営参謀の役割を担う人にとって必要なポテンシャルの1つとして、好奇心と洞察力は非常に重要だと考えています。

杉田　好奇心が強いほど、池内さんのように顧客や社外の人たちに積極的に話を聞きに行くといった行動にもつながりますね。他者の知見や視点を活用したり、ディスカッションパートナーを持つことは、経営参謀としてのセンスを磨いてくれます。

池内　冒頭でも話しましたが、やはり自分の中に違和感を形成し、それを育てていくことが経営参謀には欠かせないと感じています。その違和感を放置するか、しつこく考え続けるかで、半年後の成長は圧倒的な差がつくんじゃないでしょうか。

早いうちに自分で意思決定した体験を持つ

杉田　現在、経営参謀として試行錯誤している人や、これから経営参謀を志す人たちに、アドバイスはありますか。

池内　1つは、失敗を恐れないこと。失敗から学べることは多いし、大きな失敗をした人ほど後々になって大きな成功を収める可能性が高まるからです。

もう1つは、できれば30代前半くらいまでに、自分自身で意思決定した体験を持つこと。「自分がこれを決めたのだ」という感覚を持てるかどうかは、実はかなり重要な要素です。小さなことでもいいので、周囲の皆が反対することにチャレンジし、成功した体験があれば、それが自分にとって宝物になるはずです。

杉田　自分の意思で物事に取り組み、それによって何かを生み出せたという成功体験を持つということですね。

池内　もう1つ付け加えるなら、経営参謀である自分とCEOとの組み合わせやケミストリーを意識することも必要です。

私はリクルートの2代目の社長を皮切りに、経営企画室の一員として現在までに4人のCEOに仕えてきましたが、それぞれまったく持ち味が違います。ですからCEOの長所と自分の長所を理解し、「この組み合わせなら、経営参謀はどのような役割や立ち位置であるべきか」を考えることが重要だと思います。

もっと言えば、CEOと自分の長所や役割が完全にかぶってしまう場合は、自分ではなくCEOとは違うパーセプションを持つ人間を経営参謀に置くよう提案することも真面目に検討すべきではないかと思います。

実は現在のCEOである峰岸（真澄氏）の就任が決まる段階で、ご本人に以下のような話をした記憶があります。「私を経営チームの一員として置くかどうか、冷静に考えられた方がいいと思います。本当に、誰とどのようなチームを組むべきか、ケミストリーも含めて、冷静に考えられた方が良いと思います。現状の流れで決めてしまうと、3年後に後悔するかもしれません」と。

杉田　これは大事な視点ですね。自分と似たタイプを集めて、お互いに心地良い関係を続けているチームは、たいていの場合は成果を出せずに終わりますから。

それでも池内さんが4人のCEOに仕えてこられたのは、ご自身の能力が幅広く、トップが代わるたびに相手の持ち味に合わせて自分のどの強みを発揮すべきなのかを設定し直すことができたからでしょう。

意志とビジョンの力で突破力を高める

池内　結局のところ、何より重要なのは経営参謀自身が意志とビジョンを持っていることだと思います。教科書的に会社のあるべき姿を語るのではなく、「自分を道具として使ってでも会社をこう変えたい」と強く信じられる将来像があれば、自分が果たすべき役割はおのずと見えてくるはずです。

最近は自分でもよく「ビジョン・ドリブン」や「バリュー・ドリブン」という言葉を使

うのですが、10年後、20年後の将来像やそのときに自社がどんな価値観を大事にするのかを考え続けている経営参謀でなければ、CEOと対峙するのは難しいと思います。

一方で、相反することを言うようですが、柔軟性も重要です。強固な意志に基づくビジョンがなければ、CEOと渡り合えない。ただし、柔軟性がないと、チームとして成立しない。

CEOとCOOとCFOで言っていることがバラバラというケースはよくあるわけで、そこにどんなボールを投げれば議論が活性化してより良いビジョンに昇華できるかをハンドリングするのが経営参謀の役割です。そのとき経営参謀が自分の意見はいったん横に置いて、経営層の議論の中から「この案がいいんじゃないか」と思えるものを柔軟につかみ取る感覚が求められます。

杉田　他人の意見を無理やり自分の枠組みの中に押し込めようとするのではなく、素直に「こんな意見もあるのか」「このアイデアも素晴らしいな」と思えるセンスはとても重要です。その感覚を積み上げるうちに、「自分はこの問いがゴールになると考えていたが、実はもう一段上位の問いを設定すべきではないか」といった判断ができるようになる。議論の全体像を明らかにするためにも、柔軟性は必須でしょう。

池内　経営参謀であれば、自分なりのビジョンやバリューについて考えていないはずがありません。ただ、それを経営層と議論しようとするマインドセットを持てずにいるとしたら、若い頃に自分の思いを語って、それを否定されたりバカにされたりした経験があるからでしょう。

でも経営参謀であれば、そこを突破しなくてはいけない。パッションで押すのか、チャーミングさを見せるのか、ブレークスルーの仕方はその人の長所や強みによっていろいろあると思いますが、いずれにしても高いハードルを突破しようとする意志がないと始まりません。

どうすればこの局面を打開できるか、絶対に諦めずに考え、行動する。その地道な努力こそが、会社を変え、世界を変えるための唯一の手段ではないでしょうか。

第2章

センスのない参謀のケース
——典型的なコケる10のパターンからの学び

第1章で私は、「経営参謀にはセンスが必要である」と述べた。

これは裏を返せば、センスのない経営参謀は〝コケる〟ということ。すなわち、経営層との間でうまく課題設定ができずに終わってしまうか、設定した論点において本質的論点に導けず意味のある意思決定を促すことに失敗する、ということになる。

そこで第2章では、典型的な「コケる10のパターン」を挙げてみたい。

読者の皆さんも、これらのケースと同様のパターンに陥った経験があるのではないだろうか。そこから自分の考え方や仕事の進め方の何が悪かったのかを感じ取り、直すべきクセや変えてみるべきポイントの仮説を理解してもらうことがこれらのパターンを提示する狙いである。

そして、ぜひ次の章以降で解説するポイントを自らの学びに活かしてもらうとともに、陥り入りやすいクセにはまってないかのチェックリストとして使っていただきたい。

なお、具体的なケーススタディと個人の経験を照らし合わせ、自分にとって学びになる要素を拾い出すアナロジー思考や間接学習能力を活用することも試みていただきたい。これらは、経営参謀として重要な力の1つであることを述べておきたい。

コケるパターン1

トップの指示を鵜呑みにして そのまま受け入れる

- □ トップの指示は絶対と思い込んで疑わない
- □ 指示に対する理解が浅いまま、すぐ答え探しに走る
- □ 出されたオーダーにすべて全力で応えようとする

経営層から依頼を受けたものの、その内容に違和感を抱くことも多いはずだ。

「結局のところ何が課題だと思っているんだろうか」

「具体的に何をしてほしいのかいま一つわからない」

「そもそもこれをやることに意味があるのか？」

そんなかすかな疑問が湧いてくることは、参謀の立場であれば珍しくない。

問題なのは、違和感や疑問を抱きつつも、「経営層の指示だからやるしかない」と思い込み、すぐ答え探しに走るパターンだ。

だが「どんな問いへの答えが欲しいのか」「なぜ今、その問いが重要なのか」がはっき

りしないままでは、いくら調査や分析をしても答えが見つかるはずはない。その結果、経営層にとって意味のある材料を何一つ提示できず、「今まで何をしていたんだ?」「なぜこんなことに時間を使っていたんだ?」という問いをオーダーした当の本人からぶつけられることになる。

参謀が疑問を抱くような曖昧な指示が出された場合は、経営層自身も「どんなファクトを示してくれれば、課題がよりクリアになるのか。さらには、意思決定できるのか」がわかっていないことが極めて多い。

したがって「今の段階で合意あるいは意思決定できるのはどのレベルか」を確認し、それに向けてまずは何から議論を始めるかをすり合わせる必要がある。さらには、経営層の頭の中を想像して自分なりの仮説を持ち、それを突きつけながら相手の頭を刺激して、「本当の課題や論点は何か」を経営層が深く自問するように仕向けなくてはいけない。

最初の時点でこうしたコミュニケーションを怠ると、あとのプロセスで必ず落とし穴にはまる。**トップの指示を鵜呑みにする参謀は、間違いなくコケると断言しておこう。**

コケるパターン2

トップのいきなりの豹変についていけず混乱する

□ トップの「何でこんなことやってるんだっけ？」の一言で振り出しに戻る
□ いつもトップに〝ちゃぶ台返し〟をされて不満を募らせている
□「自分で言い出したことなのに……」というぼやきが口グセになっている

トップになる人は、かなり直感的に課題や論点を捉えることが多い。それは経営者としての経験からくる勘であり、明確なファクトがあるわけではない。

「社内の状況を見ていると、今これを議論しておいた方が良さそうだ」

「最近の市場環境の変化や競合の動きは、何か大きな変化につながりそうだ」

こうしたトップならではの〝一流の勘〟からスタートするので、課題設定がぼんやりしているのも仕方がない。**そこからファクトを深掘りし、良い材料を得て議論を膨らませていけば、最初の直感的な気づきがより具体的な課題や論点へとシャープになっていく、あるいは姿を変えていくものだ。**

したがって議論を重ねていくと、トップが最初に抱いた懸念や疑問がまったく違うものへと変わることも珍しくない。そうなれば、スタートの時点で参謀に与えたオーダーは無意味なものとなり、「何でこれをやってるんだっけ？」の一言で振り出しに戻ることになる。

ただし、これはトップの思考が進化した結果であり、単なるちゃぶ台返しではない。**参謀から見れば「豹変」という言葉で表したくなる変化も、実際はトップの思考が進化するスピードや広がりに自分がついていっていないだけと考えるべきだ。**

経営の課題や論点は、環境や認識によって変化するムービングターゲットである。参謀はそのことを理解しなくてはいけない。

参謀が描いたきれいな設計図の通りに進めばラクかもしれないが、それでは予定調和な議論にしかならない。そんな静的なプロセス、手順で答えが出せるほど、経営は簡単ではない。

「経営とは、その時々で変化する動的なものである」と認識できれば、なぜ経営トップがいきなり意見を変えたり、最初とは違うことを言い出すのかが理解できるだろう。

トップの思考の進化を受け止め、変化する言動を優しい気持ちで見守ることも、参謀の大事な役目だと心得てほしい。

コケるパターン3

トップの言うことだけに乗っかり、立場の弱い少数意見を無視

- □「一番偉い人の考えに乗っていれば大丈夫」と思っている
- □意見の重みを発言者の役職や階層で判断する
- □面倒な少数意見は潰してでも議論を前に進めたい

発言者の立場や役職、階層に関わりなく、大事な意見は注意深く拾い上げる。

この姿勢こそ、本質的な課題を抽出し、重要な論点を見つけ出すためには極めて重要だ。

しかし人間であれば、どうしても経営トップや影響力の大きい人の意見に乗っかりたいという気持ちが生まれることもある。また「早く意思決定に持ち込みたい」という焦りから、トップの発言に引きずられてしまうケースもあるだろう。

だが、本当に重要な意見が封じ込められ、本質を外したまま議論が進んでしまったら、まったく本質的とは言えない課題や論点に経営層の貴重な時間を費やすことになる危険性がある。課題や論点が間違っていることに気づかないまま意思決定をすれば、経営にとっ

て取り返しのつかない事態を招きかねない。

あるいは議論が本質からズレているために、いくら話し合っても結論が出ず、結局は議論が最初からやり直しになることもよくある。そうなれば、意思決定できるタイミングはますます遠のくことになる。

こうした事態を避けるには、「問いの前では、すべての意見の重みは平等である」という意識と規範（プリンシプル）を持つことが重要だ。

ある企業の経営会議で、「どのように既存事業をリアルベースのものからネットを中心に据えたものにシフトさせるか」という事業モデルの根幹に関わるテーマを議論したときのことだ。「ネットへのシフトが進む市場環境から見て、この領域で勝つために我々はまず何から議論をスタートさせるべきか」という問いに対して、「勝つために具体的なネット事業モデルの検討にすぐに入るべきだ」という提案に賛同する役員が優勢となった。

ところがそのとき、末席の役員がボソッとこうつぶやいたのだ。

「『ネット事業で勝つためのモデル議論をすぐに始めよう』とおっしゃいますが、そもそも我々はネット事業をやったことがないのだから、ネット事業とリアル事業は何が違うのか、そもそもネットに変えるだけで、リアルの世界でのビジネスのやり方とさほど変わらないものなのか、何かが本質的に違うのかさえ本当のところはよくわからないと思った方がいいのでは？」

幸いなことに、この企業のトップは小さなつぶやきにも耳を傾ける人物だった。そして、「彼の言う通りかもしれない。まずはネット事業の本質とは何かについてきちんと理解し、それでも理解しきれないことが我々の課題だと考えた方がいいだろう」と意見を述べ、まずはそこに論点をセットすることになった。

その結果、当初想定していたビジネスのモデルやキーになるケイパビリティとはかなり違っていること、そして先行する競合と同じターゲットや提供価値では追いつき、追い抜くことが難しい特性を持っており、当初の想定とはかなり違うもので勝負すべきだという結論になった。その新たなターゲットとは何か。独自の価値を定義した勝ちパターンが当たって同社のネット事業は成功を収めたのである。

これはトップみずからが立場の弱い少数意見を拾い上げたケースだが、参謀も本来は積極的にこの役割を担うべきだろう。

もし発言そのものがぼんやりしていたり、よくわからない部分があっても、「何か意味のあることを言っている気がする」と直感したら、自分から相手の本音や思考を引き出す質問を投げかけ、本質的な言葉をつかみ取る。相手のポジションにかかわらず、こうした働きかけをして議論を深めることが参謀には求められる。

コケるパターン4

「いいね、その方向で進めてくれ」を真に受ける

- □「いいね」をゴーサインだと思い込む
- □経営層との間で議論が起こらない
- □意思決定段階になって、いきなり「要求に応えていない」とダメ出しされる

これは我々コンサルタントとクライアントとの間でも起こりがちな失敗パターンだ。

コンサルタントは定期的に企業の役員層へのプレゼンや情報提供の場を設定し、最終的な意思決定に向けてさまざまな課題を潰していくという段取りを踏む。**ところが意思決定するトップは、最後の段階にならないと本当に答えるべき論点は何で、何を検証すべきなのか、がクリアにひらめかないケースが多々あるのだ。**

コンサルタントのプレゼンがきれいにまとまっていると、トップも何となくこの方向で進めていけば欲しい答えが見つかる気がして、「いいね、その方向で進めてくれ」というお決まりのコメントが飛び出す。よって、この段階ではまったく議論が発生しない。

言われた側は、「自分たちがやっている方向でいいのだな」と理解するので、そのまま進めていく。ところがこのパターンだと、最後はほぼすべてのケースでコケることになる。「いやいや、俺が言っているのはこういうことじゃない」「十分な検討をつくせていないじゃないか」「俺が欲しいと思っているものにまったく応えてくれていないよな」

そんな言葉を最後の局面でいきなりトップからぶつけられ、それまで進めてきたことが一気に瓦解してしまうのだ。

きっと参謀の方たちも、同じような経験をしたことがあるだろう。

失敗の要因は、途中のプロセスで反論も含めた十分な議論が起こらなかったことだ。

何度も繰り返してきた通り、参謀はまず課題と論点をクリアにすることから始めなくてはいけない。そのためには、経営層が真剣に考えられるような刺激的な材料を突きつけ、問いを発し続けなくてはいけない。そして経営層から言葉を引き出し、ああでもない、こうでもないと議論することが不可欠だ。この過程を経て、ようやく参謀は「自分は何に対する答えを求められているのか」を明確にすることができる。

「いいね、その方向で進めてくれ」という言葉が毎回経営層の口から出るようであれば、失敗へと突き進んでいるサインだ。今すぐ方向転換して、議論を生み出すための行動をとるべきである。

コケるパターン5

最初に立てた予定調和のシナリオで押し切ろうとする

- □ 最初から課題や論点を決めつける
- □ 議論の中で新たな論点が見えても、最初のシナリオにこだわる
- □ 宙ぶらりんな状態は苦痛だから、できるだけ早く意思決定に持ち込みたい

参謀の立場になると、どうしてもこんな思考のクセがつきやすい。

「議論のプロセスを効率的に進めたい」

「一直線に答えにたどり着くことこそが美しい」

「経営層が勇気を持って意思決定する姿を早く見たい」

ついついそう考えてしまうのは、参謀の性（さが）と言っていい。何も決まらない宙ぶらりんの状態が長く続くことは、参謀にとって苦痛で耐えられないのだ。

だが、波風一つ立たないまま結論を出したことは、間違いなく頓挫すると思った方がいい。先ほども述べた通り、予定調和なシナリオでラクに答えが出せるほど経営は簡単ではない。

嵐が起き、大波に揉まれ、破船するかもしれないというほどの状況を乗り越えて出した結論でなければ、経営の意思決定として意味あるものにならないのだ。

時には本当に途中で破船してしまうこともある。そうなったら、もう一度航海に乗り出すための船を造るところから始めなくてはいけない。あるいは「そもそも自分たちは船を造るべきなのか？」というところから議論を再スタートしなくてはいけないこともある。**だが、こうして予定外の状況に陥る中で新たに見えてきた論点こそ、経営にとって重要なものとなる。**だからその都度、新たな論点をベースに議論を組み立て直さなくてはいけない。

この手間ひまを嫌う参謀は、必ず最後にコケることになる。

自分なりの仮説を持つことは大事だが、最初から論点や議論すべきことを自分の狭い視野だけで予定調和に決めつけてしまうと、本当に大事なことを見落としてしまう。

自分が描いたシナリオを押し通すことにこだわるのではなく、議論の中で見えてきた新たな論点をていねいに拾い上げ、臨機応変かつフレキシブルに議論を回していく手腕こそが、参謀に求められる重要なスキルとなる。

コケるパターン6

答えの出せない問いを設定したまま堂々巡りをする

- □ 今が解くべきタイミングではない課題を設定する
- □ 答えが出ない問いをいつまでも追い続ける
- □ 最後は諦めて課題を先送りする

経営層は意思決定するのが仕事だが、現実には「答えを出せない問い」が存在する。

今から手をつけなければいけない重要なテーマであることはわかっている。だがそう簡単に白黒つけられる話ではないから、いくらファクトを集めて分析したり、ベンチマークとなる指標を設定したとしても、今の時点では意思決定するのが難しい。

目の前にあるのがそんな問いだったら、どうすべきか。

自社にとって重要なテーマなのだから、先送りすれば手遅れになりかねない。放置するのは経営を担う者として無責任と言わざるを得ないだろう。だが、現実問題としてその問いを議論しても空回りするだけで意思決定にはたどり着けそうもない。

こんなとき、参謀がやるべきことは「今の時点で答えを出せる問い」を設定することだ。

今すぐ最終的な意思決定はできなくても、それに向かって最初の一歩を踏み出すには、まず何から判断すべきなのか。この当面目指すべきゴールのイメージを持って、「この問いなら今答えが出せる」という課題や論点を設定することが重要となる。

例えば、企業の社会的責任としての持続可能性をテーマとするとき、「すべてのプラスチックや化学燃料由来の原料は使わない」という意思決定を今すぐできる企業はそれほど多くないだろう。

だが、これが経営にとって間違いなく重要な課題だとしたら、今答えを出せる問いを立てて議論することが必要だ。

それは「まずは特定の事業だけ非化石化を進められないか？」という問いかもしれないし、「資源を無駄にしない究極のリサイクルシステムを生み出すためのR＆Dに投資できないか？」という問いかもしれない。あるいは「〝オール非化石化〟を推進するベンチャー企業との共同研究を始められないか？」という問いかもしれない。「どういう変化の兆しが見えたら何をスタートすべきか？」についての問いに答えを出しておくことかもしれない。

いずれにせよ、意思決定のファーストステップとなる判断ができて、議論と実行が前に

進むような問いを設定することが、課題の先送りや意思決定の棚上げを防ぐためのポイントとなる。

解けない課題を無理にテーブルに載せても、議論が堂々巡りになるだけで、結局は一歩も前に進めない。この停滞を打ち破るには、答えを出すことを前提とした問いを設定し、最終的な意思決定に向かって経営層を少しずつ前進させていくことが唯一の手段となる。

コケるパターン7

自分が見えている世界だけで物事を判断する

- □「自分には重要な論点や課題が見えている」とわかった気になる
- □自分に見えていない世界があることを認めたくない
- □他人の知見や経験を取り入れようとしない

経営の課題は、「高い視座・広い視野・深い視点」がなければ的確に捉えられない。だから一人の人間の限られた経験や知見だけでは、理解できないこともたくさんある。**むしろ自分が認知していない領域にこそ、重要な論点が潜んでいると言っていい。**

したがって、参謀は自分が見えている世界を過信してはならない。

「自分が見えているスコープの外にもっと重要な課題や論点があるかもしれない」という前提に立ち、自分に見えていない世界はないのかをテストすることが不可欠である。

そのためには、他人の知恵を借りたり、さまざまな事例からのアナロジーを活用したりして、自分には見えていない世界がないかを試すしかない。だからこそ第1章でも述べた通り、社内外の有識者やディスカッションパートナーとのネットワークを日頃から作っておくことが重要となる。

ところが、このテストが抜け落ちてしまっているケースは非常に多い。そして自分に見える範囲内で論点を探してしまう。その狭い世界の中で問いを設定し、議論を進めたとしても、最後は外の世界により重要な論点や課題があることが判明してコケるまでだ。

机の前に座っているだけでは、外の世界を知ることはできない。

課題や論点を設定するなら、できるだけ早い段階で自分のスコープの外側へ出て、知の探索をすることが必須である。あるいは、自社にとって重要な歴史的イベントや、特に過去の失敗から見えてくる、意思決定において重要となりうる議論の視点を学んでおくことである。

コケるパターン 8

バカと思われたくないので、相手に聞き返さない

- □ 経営層の言っている意味や真意がわからないのに、質問を返す勇気がない
- □ 「できるヤツだと思われたい」という欲求が強い
- □ 自分を肯定してくれる言葉しか聞きたくない

経営層が言っていることがよくわからず、どうも真意がつかめない。ならば相手に質問を返せばいいのに、浅い理解のまま話を先に進めてしまう。

これはエリートと呼ばれるタイプの参謀によくあるパターンだ。

その背後には、「賢く見られたい」「できるヤツだと評価されたい」「皆から褒められたい」というメンタリティがある。

それはこういう意味かと聞き返して、「全然違うよ」「君は何もわかっていないな」と自分を否定されるのが怖い。だったらわかったつもりでやり過ごしてしまおう、というわけだ。

これ自体は、人間が明るく楽しく生きるために誰もが持っている性向であり、無意識にそう思ってしまうのはある種自然なこととも言える。だが参謀として経営層と向かい合うときに、そのメンタリティが強く出てしまうのはデメリットでしかない。

課題や論点をクリアにするには、自分と相手の考えがどう違うのかを細かい粒度で理解することが不可欠だ。だから相手の言っていることの意図がよくわからないときは、その真意がどこにあるのかを引き出すための質問を返し、得られた答えから言わんとすることの意味をもう一段深く理解し、論点を設定することになる。

相手に聞き返す経験をたくさん積むからこそ、問いを発する能力は研ぎ澄まされていく。そして尋ねた結果、「全然違うよ」「君は何もわかってないな」と否定的な言葉を返されたとしても、そこから「俺が言いたいのはこういうことだよ」と相手の真意を引き出せる人こそ、実は参謀として優秀なのだ。

ところが、頭が良くて「お前はできる子だね」と褒められ続けてきた人間ほど、「批判されたくない」「ダメ出しされたくない」という心理が働く。だから何としてでも、「お前全然わかってないね」と自分が否定されることを回避しようとする。

経営層からダメ出しされないように、否定的な言葉を封じ込める資料を作成したり、プレゼンや議論を自分に肯定的な方向へと誘導するのはお手のもの。経営層から出された質問の裏にある本質的な疑問や懸念が何かを深く知ろうとせず、「自分が分析し、提案していることがいかに正しく非の打ちどころがないか」を滔々と語り続ける。あるいは真正面から質問に答えようとせず、わざとズラし、はぐらかした回答でケムに巻くこともある。

発表した内容に対する経営層からの質問が否定的に聞こえたとしても、それが本質を突いていて、議論を広げる良いきっかけを与えてくれているかもしれないのに、自分が批判されたくない一心でそのチャンスを潰しているのだ。

だが本当に頭のいい人は、自分が参謀として何をすべきか知っている。だから経営層に対しても、「おっしゃっている意味がうまく理解できません。もう一度どういう意味なのか教えていただけないでしょうか？」とさらっと言い放つことができる。あるいは、あてずっぽうでも「おっしゃったことの意味は実はこういうことと理解すればよろしいでしょうか？」と曖昧に切り返すことができる。

もちろん実際は相手に失礼にならないよう、もう少しマイルドで相手が答えたくなるような聞き方をするだろうが、要するにわからないことがあればズバッと聞き返すべきということだ。

中途半端なエリート意識を持つ人にありがちな「褒められたい症候群」や「肯定された

い病」は直ちに治すべきだ。そして、不安定な状況に耐えて仕事を進めていけるメンタルタフネスや、批判されてでも本当に言いたかったことや裏に潜む真意を知りたいという志向性を養う必要がある。

そうでなければ、参謀の仕事は務まらないと断言しておこう。

コケるパターン9

自分が抱いた違和感を封印してしまう

- □ 皆が賛同している案に違和感があるが、言い出す勇気がない
- □ 自分が何に違和感を抱いているのか、うまく説明できない
- □ 一度決まったことをまた議論するのは面倒だ

ある案件について議論を進めた結果、経営層の間では「B案でいこう」という方向で話がまとまりつつあるが、自分はどこか違和感がある。だが、何がおかしいのかを具体的に伝える自信や勇気がなく、結局はその違和感を封印し、参謀としてB案を前提に検討を進めていくことになった。

時にそんなケースはある。

だが、その違和感の本質や深刻さのレベルをきちんと理解しないまま進めてしまうと、どこかの時点でそれが重大な問題として噴出する危険性がある。あとになって「あのとき、声を大にして言っておけばよかった」と悔やんでも後の祭りだ。

もしまとまりつつある議論の方向性に違和感があるなら、このケースの場合、まずは「B案でいこう」と決まった背景や経緯をきちんと整理してみる必要がある。

最初はA・B・Cの3つの案があったのであれば、何を判断基準として議論を進めたのか、そしてどんな理由でB案が選ばれたのか。こうした流れをもう一度振り返り、どこに自分が違和感を抱いたポイントがあるのかを明らかにする。

さらには経営層に対し、「こういう経緯でB案に決まりましたが、私はこの点に違和感を抱いています」と自分の考えをぶつけてみるべきだ。それが経営層にとっても、良いストレステストになる。

難しいのは、経営層ですでに合意して動き出している案件の場合だ。

動き出したあとで新しい情報が出てきたり、現場レベルで大きな問題が見えてきたりすることはよくある。この状況の変化や新たに見えてきた課題をどう扱うかは経営にとって極めて重要な問題だ。

このようなケースでは、参謀はまず自分なりに先のシナリオを描くことが求められる。「このまま進めるとどういう大きな問題を引き起こす可能性があるか」というダウンサイドリスクへの直感、あるいは「とりあえずは今の方向でここまでは進めて、新たな情報や状況が見えてきたこの段階でもう一度判断すれば」と考えるのか。こうして先を読んだ上で、「今この段階で議論しておかないと大きな問題を引き起こすリスクがあるな。後戻りできないような禍根を残す可能性さえあるな」と考えるなら、もう一度そのテーマを議論のテーブルに載せることが参謀としての役割となる。

すでに動き出したことを再度議論するのは、面倒だと思うかもしれない。だが、このひと手間をかけずに押し切ると、あとでもっと面倒なことになる。

参謀がラクな方へ流されると、結局は経営層にとって良い意思決定にはつながらないことを知っておくべきだ。

コケるパターン10

自分のチームメンバーに精鋭ばかりを集めたつもりだったが……

- □ 自分に似たタイプのメンバーばかりを集めたがる
- □ 何でもうまくやれるヒーロータイプしか活躍できないと思っている
- □ 社内であまり評価されていないダークホース的な人には声をかけない

参謀の仕事をプロジェクト形式で回していく場合、チームメンバーの選定は極めて重要な問題となる。重要な案件を進める中で大きな人選ミスをすれば、リーダーである自分にとって相当に大変な状況に陥るからだ。

チームメンバーを集める際に最も大事なのは、コアとなるメンバーを誰にするかだ。案件の特性やステークホルダーとの相性を十分に理解し、リードメンバーに必要な能力も見極めた上での人選となるが、これについては自分が「絶対にこの人」と思う人物を勝ち取ってこなくてはいけない。

自分が所属する部門から選ぶこともあるが、他の部門から引っ張ってくることもあるだろう。いずれの場合も、その人物の上長や関連する経営層に相談して支援をとりつけることが不可欠となる。

一方で、「カギとなるリードメンバーを勝ち取れたら、あとは譲ってもいい」という割り切りも必要だ。

全員がベストメンバーと言えるチーム編成は、現実的にあり得ない。したがってコアメンバー以外は、「このテーマの場合、何ができる人間なら役に立つか」を見極めて、ダークホースを連れてくる方がいい。バランスがとれていて何でもそこそこうまくこなすタイプより、「他のことはまったくダメだが、この一点においては力を発揮する」という社内ではあまり評価されていないタイプに目をつけるのがポイントだ。

スターを大勢集めるより、ダークホースがヒーローのように活躍できる場を提供する。

それが参謀としての腕の見せどころだ。

人選の際によくある間違いが、自分と似たタイプのメンバーばかりで固めてしまうことだ。人間は自分と異なる強みを持つ相手を低く評価しがちだ。自分が強みとすることを弱みとする相手は、能力が劣っている人だと判断してしまいがちである。

結果、自分に似たタイプばかりを集めたがるわけだ。

だが、いざとなったら自分でカバーできる領域に、自分と同じ強みを持つ人間を置いても意味がない。むしろ自分の弱みや苦手なことを補ってくれるような、自分にはない強みを持った人を配置した方がチーム全体の力は強化される。

よって適切な人選をするには、参謀が自分自身の強み・弱みや特性を客観的に理解しておくことが必要となる。そして「自分ができる重要だと思うことができない人間はダメなヤツだ」という思い込みを排除し、自分にはない他人の強みや良さを正しく評価できる目を持つことが求められる。

以上、典型的な「コケる10のパターン」を挙げてみた。

自分に当てはまる項目が見つかった人も多いのではないだろうか。

これらのパターンに共通するのは、参謀として必要な資質や能力の問題以前に、メンタルの問題が大きい。経営層に近いところで仕事をしているという自負心や、エリートとして認められたいという自意識がメンタルバリアを築き上げて、自分自身をがんじがらめに縛っているように思える。

これはつまり、心の持ちようを変えれば、「コケるパターン」から抜け出せるということでもある。

この章の内容をチェックリストとして自分の気持ちのあり方を振り返り、意識やマインドを変えるところから始めてもらいたい。

図表5　典型的なコケる 10 のパターン

トップの指示を鵜呑みにしてそのまま受け入れる

トップのいきなりの豹変についていけず混乱する

トップの言うことだけに乗っかり、立場の弱い少数意見を無視

「いいね、その方向で進めてくれ」を真に受ける

最初に立てた予定調和のシナリオで押し切ろうとする

答えの出せない問いを設定したまま堂々巡りをする

自分が見えている世界だけで物事を判断する

バカと思われたくないので、相手に聞き返さない

自分が抱いた違和感を封印してしまう

自分のチームメンバーに精鋭ばかりを集めたつもりだったが.....

第3章

課題と論点の見立て

——解くべき課題を設定し、潰していくべき論点の粒度と順序を見極める

ここからは、第1章で説明した「参謀の仕事を定義する3つの要素」について、より具体的な方法論を紹介していくことにする。

まずは1つ目の「解くべき課題の設定と潰していくべき論点の粒度と順序の見極め」についてて取り上げる。

「良い課題設定や論点とは何か」を知るには、理解を深めるべきポイントがいくつかある。では、順を追って解説していこう。

「良い課題設定や論点」を理解するためのポイント

❶「意思決定のための論点」と「作業のための論点」は異なる

「経営としての問い」とは

最初に理解しておきたいのは、「意思決定のための論点」と「作業のための論点」はまったく違うものであることだ。

経営にとっての「論点」とは、「意思決定する上で潰しておくべき重要な問い」である。

ワークプランの作成を解説する本などにも「論点」という言葉がよく出てくるが、こちらはあくまで作業を進める上での論点にすぎない。特に中間管理職クラスはこの2つの論点を混同しがちであり、経営としての問いを立てられないケースが多々あるので注意したい。

これは要するに、「意思決定における最上位の論点＝経営としての問い」ということだ。

その問いについて意思決定できると、「次に解くべき課題と論点は何か」を探る際の範囲が狭まり、次の意思決定がしやすくなる。その意思決定をしたら、次の課題と論点の範囲がさらに狭まっていき、最終的に「何を実行するか」という意思決定がなされる。

経営としての論点は、このような構造で捉えていくべきものだ。

構造はディシジョンツリーになる

例えば、消費財メーカーがEC市場に参入すべきかどうか、を判断するときに、「自社の領域において今後EC市場はどれくらいのスピードでどこまで成長するか?」というのはもちろん論点であり、意思決定において必要な分析作業の1つであろう。しかし、経営層が答えを出したい問いとして考えると、EC市場への参入は自社にとってどういうチャンスと逆にリスクをもたらすものになるのか」というものであろう。

そのためには、市場や競合や自社の状況に関して分析し、理解すべき論点がセットされることになるが、これらは作業上の論点であり、経営にとっての本質的な問いにはならない。そして、自社にとってのチャンスとリスクが明確になり、その上で参入を本格的に検討しよう、ということになれば、次にくる問いは「EC市場に参入して勝ち抜くためには、自社の何を変えるというチャレンジを決断することなのか。それはどのように成し遂げるのか」といったものであろう。

それらを議論するためには、ＥＣビジネスの特性や競争優位を築く上で必要なケイパビリティとは何か。それら必要なケイパビリティに対して、自社はどのような状況にあるのか、強みのベースになり得るようなアセットはあるのか、といった分析作業を進めるための論点がさらにセットされることになろう。

そこまで経営としての合意形成ができれば、あとは何をいつまでにどのレベルのマグニチュードで誰がやるのか、の意思決定のための論点がセットされるであろう。

これはまさにディシジョンツリーの構造であり、最上位の論点から分岐した先の課題が正しく設定されれば、経営層を最終的な意思決定に導いていける。

これが「意思決定のための論点」であり、その裏側にあるのがもう一方の「作業のための論点」となる。

ディシジョンツリーの各分岐点で経営層の議論を活性化させ、意思決定に導くためには、どういった作業をすべきか。どのような材料を提示すれば議論が盛り上がるのか、どのような段取りで議論の場をセットすれば意思決定に近づくのか。

こうした「作業のための論点」が、「意思決定のための論点」の裏側に存在している。いわばこの2つは、陰陽の関係にあると言えるだろう。

よって2つの論点が密接な関係性にあるのは間違いないが、決して両者を混同してはいけない。「経営としての論点とは何か」を正しく理解することが、良い課題設定をするための大前提となる。

❷「意思決定のための論点→シナリオ→作業」の構造で考える

まず、最上位の論点を設定する

先ほど述べた通り、「意思決定のための論点」と「作業のための論点」は別物である。したがって経営層に意思決定してもらうまでのプロセスは、次の構造で組み立てる必要がある。

ⓐ「何を意思決定するのか（してもらいたいのか）」の論点を設定する
←
ⓑ「そのためには何を明らかにしなければいけないか」のシナリオを描く
←
ⓒ「それに向けて作業すべきことは何か」を考える

図表6　論点の明確化のステップ

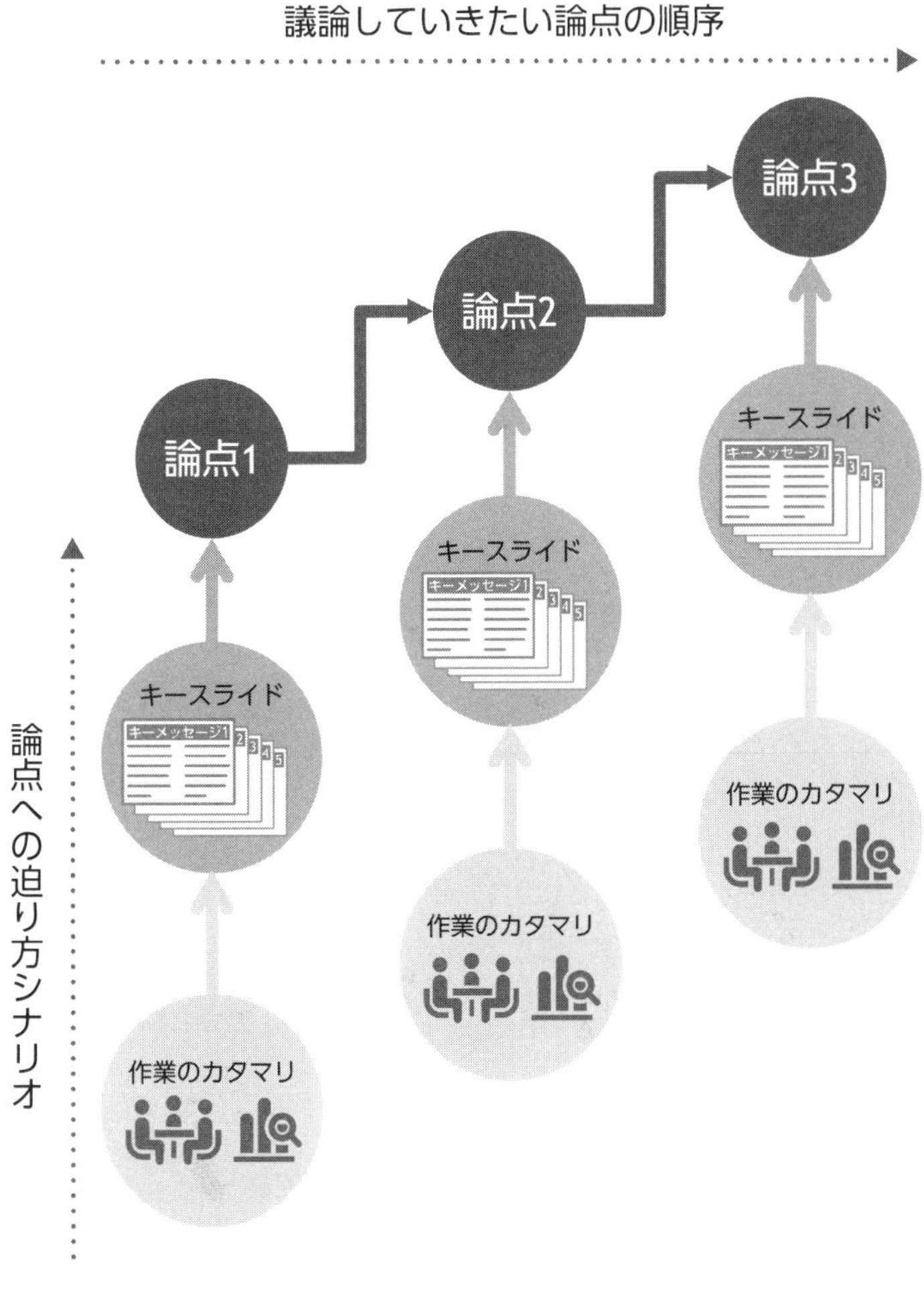

この順序で考えると、「どのような作業的アプローチをとるのが最も有効か」が明確になる。

シナリオとして明らかにしておくべきことは何か、どのようなファクトを集めるべきか、それを示すためにどのような分析をすればいいか。こうしたワークプランは、「経営層に何を意思決定してほしいのか」を前提として考えるから効率的かつ効果的なものとなる。

例えば経営層から、「ある企業のM&Aのチャンスがあるので考えてみてくれ」というお題が与えられたとする。考えてみてくれと問われたわけだから、これも一見すると論点に思えるが、この場合は「経営におけるテーマ」を与えられただけと考えた方がいい。

つまり、経営に問うべき論点は何か、を参謀はいま一度引いて考える必要がある。よってまずは最上位の論点を設定する。**「何をまず明らかにしなければ意思決定に向けて議論が前に進まないか」を考え、いくつか思い浮かぶ中で最初の分かれ道になるものが最上位の論点だと考えればいい。**

例えばそれは一歩引いて、「我々が次の成長に向けて投資すべき領域とはどこか」からスタートすることかもしれないし、この領域での成長のための投資をしていく、ということがすでに前提だったとしても、「この領域で成長のために自社にとってのベストシナリオは何か。その中における、この案件の自社にとっての意味とは」をまず検討することかもしれない。

プロセスを設計することが重要

まず議論すべき最上位の論点を設定するためには、普段より一段も二段も高い視座からそのテーマを眺めなくてはいけない。「自分がトップだったら」と想定し、「意思決定する過程のどこで悩みそうか」「何をはっきりさせないと前に進めないか」「どこまでスコープを広げて見極めなければ決断できないか」といったことを考えなければ、最上位の論点は設定できない。

とはいえ自分一人で考えていても、経営層と同じか、それ以上の高い視座を持つことはできない。それを可能にするには、さまざまな「作業」が必要となる。

自分なりの仮説を持ち、経営層や関連部門の幹部たちにぶつけて意見をもらう。ディスカッションパートナーとスパーリングしながら、自分の仮説を検証する。意思決定者である経営層にその仮説的な課題設定をチラッと頭出しして、相手の反応を見る。

こうしてあらゆる手段を使い、何が正しい課題設定なのか検証を試みることが重要だ。「最初に意思決定すべきことは何か」を設定するのは、簡単ではない。今述べたような作業を何度も繰り返していかなければ、課題をセットするのは難しい。

したがって、そのプロセスをどう設計するかが重要なポイントとなる。どんな作業的アプローチをすれば、経営層を意思決定に導けるか。その過程をデザインできるかどうかが、課題設定の成否を握っている。

❸ 論点の設定は「経営層への質問」とセットで考える

先ほども述べたように、課題や論点の設定は自分一人でやれるものではない。とりわけ経営層とのコミュニケーションが重要となる。

「これが最上位の論点となる重要な問いだ」と見当をつけたら、その仮説を経営層に問うことが必要だ。

「この論点について意思決定できたら、具体的にどういうアクションにつながっていくことをイメージされていますか？」

「この課題を中心に置いて議論をスタートするということは、その前提としてのこの論点はいったんクリアになっている、ということで進めてよいのですよね？」

こうして質問を重ねることで、「何の論点を議論することから始めるべきか？」「それはなぜか？」をはっきりさせることができる。

この「問い方」も、課題設定における重要なポイントとなる。

問いには、誰もが同じ解釈ができる明瞭さがなければいけない。もし人によって問いの捉え方や受け止め方のレベルが違ったら、そこに検討すべきスコープや課題の切り取り方に解釈の違いが生まれることになる。その場合、経営層の全員がイエスと言ったとしても、同床異夢で本当の意思決定にはならない。

最終的な意思決定へ導くには、最初の論点設定の時点で経営層の合意を得ておくことが不可欠だ。「このテーマを議論するには、いったんここまで引いて論点を設定して（逆に、いったんここまでは前提として議論のスコープ外として論点を設定して）議論をスタートするのがよいと思うがどうでしょうか？」とクリアな質問をして全員の土俵をそろえなければ、議論がかみ合わず、次のステップに無理やり進めたとしても議論は積み重ならず、いずれ破綻する。

適切なタイミングで適切な質問をして、みんなの温度感を合わせていくことが、良い論点に導いてくれることと理解すべきである。

❹ 最初の意思決定を経て、「次の論点」へ進化させる

前述の通り、課題設定のディシジョンツリーを作る際は、まず最上位の問いを設定することから始まる。このとき同時に、その下の層に設定されるであろう次の論点を、二段目

や三段目あたりまでいったん仮置きで想定できればベストだ。

最初に意思決定すべき「論点」を定義づけたなら、その最初の論点への共通認識あるいは意思決定を経て、次に意思決定すべきこと、すなわち「次の論点」へとつながっていく。「この論点について共通認識に立てたならば、次はこの論点が議論すべきポイントとして浮かび上がってくるであろう」と先を読み、二の矢、三の矢までの論点の流れ方のイメージを持っておけば、非常に良いディシジョンツリーを組み立てることができる。

つまり、最終的な意思決定に向けて、論点を進化させていくことが必要となるわけだ。

そのために必要なのは、「意思決定のプロセスにおいて経営層が何に引っかかりを覚えるか」「何を意思決定すれば前に向かって議論が転がっていくのか」「何の理解ができると、次にどういう疑問や課題が経営層の頭の中に浮き上がってくるか」をイメージできるセンスだ。

デジタルトランスフォーメーションを我が社はどう進めていくべきか、というテーマがあったとすると、例えば最初に議論すべき最上位の問いは「自社においてデジタル化やデータ活用の恩恵を最も受け、最初に取り組むべき領域、テーマは何か？」かもしれないし、「自社にとってのデジタル化の脅威とは何で、今このテーマにどれくらいの経営資源を投入して取り組むべきか？」という一歩引いた視点からの検討が必要な経営層の立ち位置かもしれない。

そして、仮に、デジタル化のチャンスが明らかになって、前へ進めよう、という意思決定をしたとしても、「我が社にそんなケイパビリティはあるのだろうか、現実的に進めるためには、我々はどこにどういう投資をして実現可能な状態を作り上げる必要があるのか？」という次の論点が待ち受けているであろう。

そこに、答えが出て、いったん意思決定がなされたとしても、「一体誰がその責任者としてリードしていくのが最適なのか、我が社の組織や責任権限や評価のあり方を見直さずに推進できるのか？」という問いが生まれる可能性が高い。

さらには、経営層にとって初めて経験する難しい取り組みであることがより強い共通認識となったならば、「一気にこれを推し進めるべきか、まずは優先順位の高いテーマに絞ってパイロットをやってみて、その上でどこまで認識や仕組みを変革するかを決めるべきか？」と論点が具体的なアクションにつながっていくものへとオプションの幅が開き、そして絞り込まれていく。

こういう議論の流れ、あり得る意思決定のシナリオを思い描きながら、どういう手順で論点をぶつけて、意思決定を積み重ね、具体的なアクションにつなげていくかが、ディシジョンツリーを描いてみる、ということである。

このように、次のその次くらいまでの論点をイメージしておくことが、できなければ、議論は前に進んでいかない。

論点のつながったツリーを作ることができれば、上位から下位に向けて議論するうちに意思決定すべきことが次第に絞り込まれ、実行可能なアクションへと近づいていく。つまり、「最終的に何を実行するのか・しないのか」という決断に近づいていけるのだ。

次の論点へ移るたびに、参謀の仕事も前へ向かってどんどん進んでいく。それが良いディシジョンツリーというものである。

❺「次の論点」は、当初の想定から変わってもいい

「次の論点」を二の矢、三の矢まで組み立てるべきだと述べたが、実際に議論を始めると、当初に想定していたものから別の論点へと変わっていく可能性もある。

「最初にこの論点を議論したら、次はこの論点に移れるだろう」と考えていたのに、実際に経営層と1回目の議論をした結果、「まずはその前に競合のことをもっと深く検証してくれ」「市場がどれくらいのスピードでどう変わり得る可能性があるのか、その見立てをもう一段きっちりしてくれ」といった新たなオーダーが出されることも多い。そして言われた通りに検証や確認をしたところ、「次に意思決定すべきことは、もともと想定してい

た論点ではなかった」あるいは「先にこのことを議論しておく必要があることが見えてきた」という結論になるケースもある。

したがって、最初に次の論点を仮説として想定しつつも、実際の議論が進む中で「次に潰すべき本当の論点とは何か」を常に再考する必要がある。

この仮説検証を繰り返すからこそ、「次の論点」を正しく進化させることができるのだ。

❻「意思決定を難しくしているポイント」をクリアにする

このように、論点を設定するのはそう簡単ではない。苦労して1つ目の論点を立て、それに決着をつけても、次の論点は当初の想定から変わっていくかもしれない。するとまた「本当の論点とは何か」を考え抜く難しい作業が待っている。

もし論点の設定に行き詰まったら、「意思決定を一番難しくしているポイントは何か」を考えてみるといい。

例えば、新規事業に参入するかどうかを意思決定するにあたって、「その事業の魅力度をどう捉えるか」を論点に設定するケースはよくある。これは言ってみれば当たり前の論点であり、事業が魅力的かどうかを考えない企業はないはずだ。

ただし、それを議論すれば経営層が意思決定できるとは限らない。その事業が魅力的だと証明できたとしても、実はもっと他に意思決定をためらうポイントや判断を難しくする要素があるかもしれない。

この「意思決定を一番難しくしているポイント」をクリアにしなければ、議論を前に進めることはできないだろう。

この例なら、事業の魅力度は当たり前の論点だとしても、自社固有の課題や特性は何かを考え、論点を掘り下げていくことが必要となる。

いくら事業が魅力的でも、自社が参入した場合にリスクはないのか。この事業に参入することで既存事業とのトレードオフが必ずあるはずだが、新規事業だけを単体で議論していいのか。事業の魅力度もさることながら、むしろ自社の組織体制やリソースの制約、あるいはビジョンやカルチャーとの整合性を検証する必要があるのではないか。

このように視点を広げてテーマを捉えないと、いくら論点を設定しても、それを解くことはできずに終わってしまう。

論点の設定が難しいと感じたときこそ、「何が意思決定を難しくしているのか」を意識することが重要である。

❼ 同じ論点や問いしか繰り返せないときは、まったく進化していないと理解する

論点を設定して議論をスタートしたものの、堂々巡りで何度も同じ問いに戻ってしまったり、「そもそもこれって何を議論しているんだっけ？」と振り出しに戻ってしまう。

こんな場面を経験した参謀は多いだろう。

その原因は、問いの設定の仕方がどこかで間違っていることにある。最初の論点設定かもしれないし、論点の切り口、示し方かもしれないし、議論のために用意した材料かもしれないが、いずれにしても何かしらのポイントがズレているのは確かである。

よってこの場合は、議論がまったく進化しない論点をセットしてしまっていると理解すべきだ。これではいくらディシジョンツリーを作っても、最終的な意思決定へ向けて一歩も前に進めない。

そして、「そもそも何について答えを出せれば、経営層の意思決定や思考は前に進むのか」をもう一度考え直すしかない。時にはその質問を経営層に直接ぶつけて、テストしながら論点設定のディシジョンツリーを作り直すことも必要だろう。

議論が前に進まないと参謀としては焦るだろうが、ここは「急がば回れ」が得策である。

いったん議論をストップしてでも、再考の手間をかけるべきだ。

できれば議論が堂々巡りに陥ったり、振り出しに戻ったりする前に、そうならないためのチェックリストを自分なりに持つといい。「議論が前に進んでいるか」「最終的なアクションに近づいているか」など、ここまで解説してきた論点設定のポイントを確認しながら議論の場に臨めば、もし間違いがあっても早い段階で気づくことができる。

このチェックリストについては、のちほどくわしく解説する。

課題や論点を理解するためのポイント

● 経営に必要な「意思決定のための論点」と「作業のための論点」は違う。まずは、最上位の論点を設定することから始める。

● 課題設定の構造はディシジョンツリーになる。設定で行き詰まったら「意思決定を一番難しくしているポイントは何か」を考えるとよい。

● 議論が前に進まない場合、問いの設定の仕方が間違っている。もう一度ディシジョンツリーを作り直すことが必要となる。

課題と論点の見立て2

ディシジョンツリーの作り方

ここまで伝えてきたように、いったん経営層と合意したつもりの課題設定や論点でも、議論を繰り返す中でそれらが変わっていくことは珍しくない。

そこで「なぜ突然そんなことを言い出すのか」と腹を立てても物事は前に進まない。その変化の背景に何があるのか、参謀である自分には見えていない何かに経営層は反応したのではないか。こうしたことを読み解きながら、論点を再設計して組み直し、意思決定に向けて進めていける参謀にならなくてはいけない。

最初の課題・論点設定から再設計に至る構造を図式にすると、図表2のようになる。以下に再掲したい。

これは同時に、「ディシジョンツリーの作り方」を示している。

順を追って説明しよう。

図表２　議論すべき論点の構造化：ディシジョンツリー（再掲）

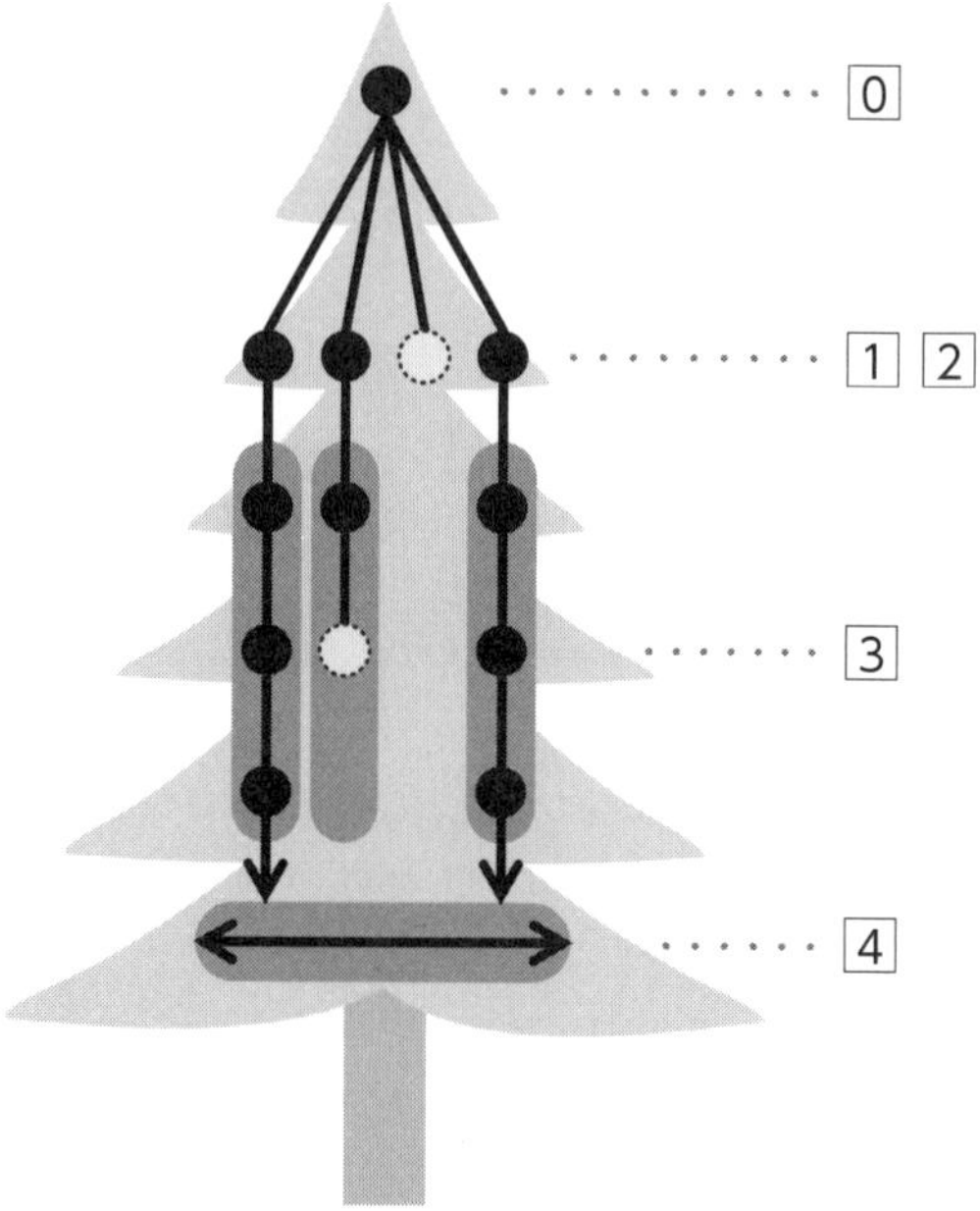

0 スタート地点の設定
・前提条件として確認すること/前提条件にしないことの“キワ”
・そもそも論のどこまで戻るか/戻らないか（特に、なぜこれを議論するのか、がどこまで共通認識か?）

1 論点の幅出し/視点を広げる
・気になること・仮説・疑うこと
・“なぜ”もあれば、“何を”もある（ケース次第）

2 論点の潰し込み/優先順位づけ・論点の順番/上位・下位の見極め

3 論点の掘り下げ
・目的、インパクト/ゴール、方法論の幅出し：“例えば・・・”

4 論点の再設計/意思決定に向けた組み直し
・シナリオ化、オプションとして統合化

ステージ0　スタート地点の設定

課題設定における最初の肝は、「議論のスタート地点をどのように設定するか」だ。ここで意思決定に関わる人たちが議論するにあたっての土俵を揃えなくてはいけない。設定にあたって考えるべき重要な点は2つある。

- 「何を前提とするのか／しないのか」
- 「そもそも論のどこまで戻るか／戻らないか」

議論の前提とするのはどこまでの範囲か、そもそもこの議論や意思決定がなぜ今必要なのか。これをしっかりと設定しないと、いくら議論しても振り出しに戻ってしまう可能性が高い。

特に「Ｗｈｙ（なぜ今このテーマを議論するのか）」については、ふわっとしたものになりがちだ。例えば「働き方改革」をテーマとした場合、「世の中で重要性が叫ばれているから」「イノベーションにつながるから」といった緩い課題設定で議論を始めてしまうケースは多い。

だが、それでは議論が続かないし、満足のいく意思決定には至らない。「そもそも自社にとって働き方改革は重要なのだろうか」「そもそも『イノベーションの創出には働き方改革が必要だ』というのは本当だろうか」と疑ってかかるところから始めるべきである。

その上で、「何からクリアしていけば、議論がかみ合って前に進んでいきそうか」を読み解く必要がある。別の言い方をすれば、「経営層が悩んでいることやぼんやりとはいえ課題意識を持っていることを仮説的に理解し、何に決着をつければ意思決定に向けて収斂(しゅうれん)していくか」の勝ち筋を見つけに行くということだ。

そのためには、「議論を進めるにあたり、経営層にとって何が一番引っかかるのか」を見定めるところから始めなくてはいけない。経営層に個別インタビューしたり、ブレストの場を持ったりしたりして、最初の議論の土俵やレベルをどのあたりにおくべきかを見極めることが必要となる。

この「ステージ0」は、正しい論点をセットするための前準備だと考えてほしい。

ステージ1　論点の幅出し・視点を広げる

材料を集めたら、まずは自分なりに仮説を立ててみる。「経営層が潜在的に議論したいと思っていることは、おそらくこれだろう」「この論点から潰していけば、経営層の間で議論が進むだろう」といった筋を自分なりに描いてみるのだ。

そして、仮説を経営層にぶつけてみる。その反応から「おそらく経営層の一番の引っかかりはここだろう」と推察し、また仮説を立てて経営層にぶつけて反応を見る。

こうして質問を突きつけながら、どこに正しい論点があるのか探っていく。

その際、可能性のありそうな筋はすべてぶつけてみる必要がある。さまざまな角度から質問を投げ込むことで、経営層の頭を刺激できるからだ。

この段階では経営層自身も何がテーマなのかわかっていても、「自分はまず何から議論したいのか」をわかっていないケースがかなりある。だから参謀は想像力を駆使して、相手の思考を活性化させなくてはいけない。

時には素朴な質問や突拍子もない質問を織り交ぜながら、経営層から潜在的に抱えていた悩みや本音を引き出すことが必要だ。

こうした質疑を経営層と行うことで、異なる意見や幅広い目的が抽出される。「なぜこれをやるのか？」「目的をどこに置くのか？」について、論点のスコープや視点をできるだけ広げることがこのステージでは重要となる。

ステージ2　論点の潰し込み・優先順位づけ・上位下位の見極め

経営層との質疑を重ねながら、徐々に「最初に意思決定すべき論点は何か」の優先順位をつけていく。さらに「最初の論点の次は何を議論すれば最終的な意思決定につながりそうか」という二の矢、三の矢の論点を仮説的にセットする。

優先順位が低い論点は、「議論をするのは時間の無駄」と見切りをつけ、他の論点を潰すときに並行して考えればいいとする。

ステージ3　論点の掘り下げ

優先順位の高い論点それぞれについて、経営層と質疑応答しながらさらに掘り下げる。それを行う目的や自社に与えるインパクト、目指すゴールや方法論について、より具体的に経営層に考えてもらう。

働き方改革なら、「どのレベル感でないとやる意味がないのか?」「オフィスコスト削減が自社にもたらすインパクトは?」「どんなやり方で改革すべきか?」といった質問を投げかける。働き方改革を実施した場合の具体的なイメージやコスト分析、他社事例などを提示すれば、論点の掘り下げに役立つ有効なツールになるだろう。

ステージ4　論点の再設計・意思決定に向けた組み直し

こうして経営層への質疑を繰り返していくと、仮説として想定していた論点とは異なる論点が経営層にとっての引っかかりであると判明することも多い。あるいは「最初にこの論点を議論すべきだと思っていたが、こんな意見を持つ経営層がいるなら、先にこちらの論点を潰さなければ議論にならないな」とわかることもよくある。

したがって、迅速に論点の再設計をしなくてはいけない。同時に、意思決定に向けたシナリオを組み直すことも必要となる。

こうした修正の発生は至って普通のことであり、参謀は状況の変化を柔軟に受け入れる姿勢がなくてはいけない。当初想定していた仮説やシナリオに執着するのではなく、必要であればバサっと捨てられるくらいの思い切りのよさとメンタルの強さが必要だ。

参謀はステージ1からステージ4のプロセスを繰り返しながら、最終的な意思決定につながる論点のディシジョンツリーを作っていくことになる。

これでわかる通り、経営参謀とは極めて能動的な仕事である。上の指示を待つのではなく、自分なりの仮説を立て、それを経営層にぶつけて、「これだ」という論点を引き出さなくてはいけない。

論点は与えられるものではなく、自分で探りながら見つけていくものだと心得てもらいたい。

ディシジョンツリーを作るためのステージ

- ステージ０　スタート地点の設定
- ステージ１　論点の幅出し・視点を広げる
- ステージ２　論点の潰し込み・優先順位づけ・上位下位の見極め
- ステージ３　論点の掘り下げ
- ステージ４　論点の再設計・意思決定に向けた組み直し

「論点設定が適切かどうか」を見極めるチェックリスト

解くべき課題と論点を設定し、議論を進めながら軌道修正し、最終的な意思決定に持ち込む。その難しさについて解説してきた。

難しいからこそ、「自分は課題と論点を適切に設定できているか」を客観的な目線で評価できれば、仕事を円滑に進めるための心強い手助けになる。

そこでお勧めするのが、自分のためのチェックリストを持つことだ。

人はそれぞれに思考のクセがある。そのクセに陥っていないかをみずから判断するため、「自分に質問すべき固有のチェックリスト」をぜひ作ってもらいたい。

一例を挙げると、次のようになる。

解くべき課題・論点設定のチェックリスト

□ ❶解くべき課題は固有のものか？

どの企業に置き換えても同じような課題設定しかできなければ、真の論点とは言えない

□ ❷それが解けたら前に進むのか？ 次のアクションにつながるか？
そこにつながらない課題設定は意味がない

□ ❸自社にとって意味のある大きな環境変化を意識できているか？
そこから見えてくる新たな問題にカギがある

□ ❹何か社内的あるいは競争上の観点でのトレードオフ、または制約のある点をついているものか？

□ ❺AかBかの究極の選択を迫るものか？

□ ❻「例えばこういうこと」と自分の言葉で言える具体性を持っているか？ あるいは、間違っていてもよいので「例えば」の仮説を提示できるか？

□ ❼「俯瞰的であってピンポイント」であり、「広く見ているがシャープ」であり、「複雑な事象だがシンプル」であるか？
それが真の課題の設定の仕方である

□ ❽今解くべき課題か？ 今解ける、答えを出せる課題か？
その判断が必要

□ ❾初期に立てる論点そのものも仮説であると理解しているか？
論点自体も変わっていくし、進化していく

□ ❿そのプロセスを経て解くべき本質的な論点は、ジェネラルなものからより固有なものに深まっていくものか？

このようなポイントを自分なりの言葉に書き換えて、ぜひチェックリストとして活用していただきたい。それにより、独りよがりの課題や論点を設定して、そのまま突き進んでしまうリスクも避けられる。

経営の解くべき課題とは、本来ならその会社の歴史や背景、現在のポジションや資産、組織・人材などを前提とした中でセットされるべき固有のものである。

しかし経営への理解が浅いまま課題や論点を設定すると、どの会社でも当てはまるような、ごく一般的なものにとどまってしまう。

例えば、「我が社は○○事業に参入すべきか」という設定は、その会社に固有の課題や論点ではなく、どこの会社でもセットできてしまうものだ。

これでは課題や論点として意味をなさない。

そもそも戦略とは、自社の経営資源をベースにしたユニークなものであって初めて競争優位に立てるのであり、勝ち目が出てくるものだ。競争原理の中で戦っている企業経営において、その会社固有の課題を設定できなければ、自社固有の戦略は生み出せない。誰もが立てるような一般的な課題設定では、とても変革など起こせないだろう。

したがって「その課題や背景は自社固有の背景に根ざしたものか」をチェックすることは、非常に有用である。

また、現在のように先が見えない状況を前提とした意思決定が求められる環境では、自分が知っている固定的な世界の中だけで課題を決め打ちするようなやり方はNGだ。経営において非連続な変化を生み出すには、自分自身の経験を超えたところに課題を見つけ出しに行くことが必要となる。

そのためには、高いクリエイティビティやイマジネーションを持つことが重要だ。

「これが答えだ」という決めつけから入る仮説構築力や、それ以外の視点を排除してさっさと答えを出す能力が参謀に求められるという誤解は今すぐ捨てなくてはいけない。そして自分の目線ではなく、経営層と同じ視点・視野・視座で物事を捉え、相手の頭の中をイメージする力を身につけるべきである。

いったん合意した課題や論点について経営層が前言撤回したとしても、経営層に不満や不信感を抱くのではなく、「なぜ前回の議論を捨てるよう発言をしたのか」「そのギャップはどこから生まれてきたのか」を読み解き、課題や論点を再度設定していく。
そんな柔軟性や感受性、レジリエンスが参謀には求められている。

第4章

意思決定シナリオのデザイン

——意思決定のメカニズムを読み、プロセスを組み立てる

続いて本章では、「参謀の仕事を定義する要素」の2つ目として「意思決定のメカニズムとプロセスの組み立て」について紹介する。

これを実践するにあたって重要な要素が3つある。それは「意思決定のマイルストーンとアプローチの設計」「タイミングマネジメント」「チームマネジメント」だ。

以下、それぞれについてくわしく解説していきたい。

意思決定シナリオのデザイン 1

意思決定のマイルストーンとアプローチの設計

解くべき課題と論点を設定できても、それだけで議論が前に進むわけではない。

そこから最終的な意思決定へと導くには、適切なマイルストーンとアプローチの設計が不可欠となる。**要するに、「仕事の回し方をどう設計するか」がカギになるということだ。**

そのためには、意思決定のメカニズムを理解し、それを読んだ上で意思決定までのシナリオを組み立てなくてはいけない。「誰に」「いつの時点で」「どんなふうに」アプローチしておくべきかを見極め、スケジュールと段取りを組み、具体性のあるワークプランを作成することが求められる。

まずは「誰に」を特定する

まずやるべきことは、シナリオ設計の起点となる「誰に」を特定することだ。

議論や意思決定に何らかの影響を及ぼすステークホルダーや巻き込んでおいた方がいい

人、意見を聞いておくべき人を明らかにする。さらには、その人たちが何を重要な論点として考えているのかを見極めておくことも重要だ。

それらを踏まえて、どの論点から潰していくべきかの順番を読み、そのために何をすべきかの手順を頭の中で組み立てておくことがシナリオ設計には欠かせない。

ダウンサイドを読んだシナリオを描く

意思決定に至るプロセスにおいては、議論が思い通りに進まないケースが大半だ。

よって順番や手順を組み立てる際は、「いつ、どんなポイントで、どのようにつまずく可能性があるか」というダウンサイドを読んだシナリオを描くことが重要となる。**特につまずくとまずいクリティカルなポイントは、必ず想定しておかなくてはいけない。**

その上で、「そうならないための手立てをどこに仕込んでおくか」という打ち手のシナリオも組み立てておけばリスクはかなり低くマネージできる。

あらかじめうまくいかない可能性を想定しておけば、議論の途中で「つまずく方向へ向かっていないか」をチェックできる。もし向かいかけていたら、仕込んでおいた打ち手を講じて、議論が円滑に進む方向へと引き戻す。

議論が順調に進むことしか想定していないと、いざつまずいたときに対応が後手に回る。

最初からシナリオにダウンサイドを織り込んでおくことが、スピードを落とすことなく議論を回していくためのカギだ。

「メンバー時間」から「リーダー時間」に体内時計を入れ替える

意思決定までのプロセスでは、各フェーズにおいて経営層に議論してもらうための作業が発生する。したがってそれぞれのタイミングで、議論を活性化させる材料の準備や必要な資料の作成について適切な納期を設定しなくてはいけない。

だが、メンバーの活用のしかたにおいてここで参謀がおかしがちなミスがある。

それは、「メンバー時間」から「リーダー時間」に自分の体内時計を入れ替えないまま、納期を設定してしまうことだ。

自分がメンバーであれば、上から言われた納期までに仕事をすればいい。だが自分がリーダーとしてメンバーを活用することになったら、「重要なマイルストーンから逆算して、メンバーにとっての作業の納期を設定する」という意識を持たなくてはいけない。

例えば、経営層との会議に使う資料をメンバーに作成させる場合、何となく納期が会議の前日になってしまったりしていないだろうか。「会議に間に合えばいい」と考えているのかもしれないが、それでは経営層に活発な議論を促すための資料にはならない。

“担当の時間”から“リーダーの時間”に体内時計を入れ替える
- マイルストーンセット
  - ➡ 現時点からの“逐次的”な時間セットから、エンドからの“逆算的”なやり方に変える
- ストーリー構成のタイミング
  - ➡ メンバーからのアウトプットを待っていては間に合わない
- キーとなる経営層との会議終了後のラップアップ
  - ➡ ラップアップの場で、次の論点とラフな作業プランをメンバー間で合意するくらいのスピード感
  - ➡ 次の経営層との会議に向けたキックオフの場

メンバーに“空白の時間”を作らせない
- 仕込み
  - ➡ 方向性が決まらず悩んでいるときにも必要と思える仕込みは先行させる
- 分析作業
  - ➡ 経験的/直感的に“経営層にとってNewなもの”、“面白いものになる”と思える分析作業は初期段階で早めに手がける

図表7　マイルストーンの考え方を根本的に変える

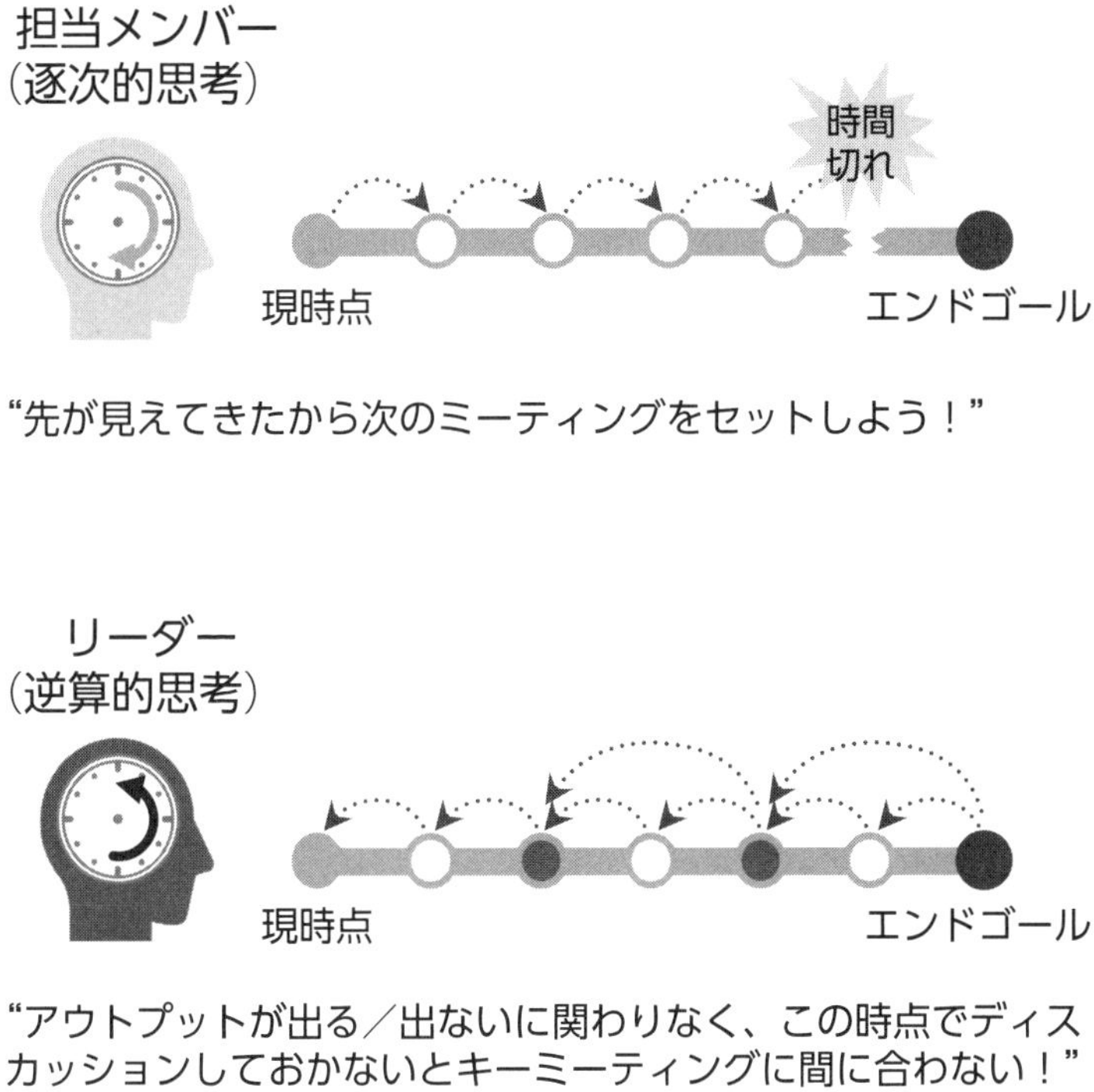
担当メンバー
（逐次的思考）
時間
切れ
現時点
エンドゴール
“先が見えてきたから次のミーティングをセットしよう！”
リーダー
（逆算的思考）
現時点
エンドゴール
“アウトプットが出る／出ないに関わりなく、この時点でディスカッションしておかないとキーミーティングに間に合わない！”

なぜなら、集まってきた材料を組み直し、論点に対し経営層が議論しやすいパッケージに仕立て直す時間が必要になるからだ。

「論点や意思決定すべきポイントが本当にクリアになっているか」「それらを議論する上で適切に材料が組み立てられているか」を確認し、さらには「この資料に対してどのような質問を投げかけるか」逆に「どのような質問が出るか」を想定して、資料に手を加える。

こうして練り上げたものを提供するから、経営層の議論が前に進むのである。したがって必ず仕立て上げる時間を織り込んで、直前よりもできる限り手前に「メンバーにとっての作業の納期」を設定し、早め早めに提出させなくてはいけない。

これが自分の体内時計を「リーダー時間」に変えるということだ。

会議の直前ギリギリになってなんとか資料ができあがるというケースも多いが、詰めの確認や見直しもしないで、シャープな論点や必要十分かつ簡潔な議論の材料を設定できるはずがない。そのまま経営層に提示しても、まともな議論にはならないだろう。

会議用の資料などのコンテンツ作成に限らず、ミーティングの設定なども、その目的・タイミング・頻度を含めすべて、常にゴールから逆算してワークプランに組み込んでおかなくてはいけない。

経営層が出席する会議は、意思決定のプロセスにおいて重要なマイルストーンとなる。

チームリーダーである参謀は、このマイルストーンを常に睨(にら)みながら、「逆算してあらゆる仕事の段取りを組み立てる」という意識を持たなくてはいけない。

すべてが完璧にいかない制約の中でクリエイティビティを発揮する

経営層の議論を活性化するには、論点に対してどんな材料を提示するかも重要なポイントとなる。

ただし、材料の準備にかけられる時間も、その中で集められるデータや情報も限りがある。マイルストーンから逆算して納期とスケジュールを組む以上、この作業もその枠内で進めなくてはいけない。

これはつまり、「限られた制約条件の中で、いかに議論に値する材料を組み立てていくか」という発想が求められるということだ。完璧にはそろえられないという制約があるからこそ、知恵と工夫が生まれ、ユニークで面白いアプローチ、そして作業時間の高い効率性につながる。

アプローチの設計こそ、参謀がクリエイティビティを存分に発揮できるプロセスであり、参謀の知恵が試される場面なのだと考えてもらいたい。

「意思決定のマイルストーンとアプローチの設計」のポイント

- 意思決定に影響を及ぼすステークホルダーや巻き込んでおく人を特定する
- プロジェクトは常に思い通りには動かない。どこが重要なマイルストーンか、何がこけるとまずいか、クリティカルなポイントをあらかじめ想定しておく
- 「メンバー時間」から「リーダー時間」に体内時計を入れ替える。納期からの逆算で今に時間を巻き戻して、意思決定のマイルストーン、ミーティングの目的・タイミング・頻度、ワークプランを設計する
- アプローチの手法に具体性のないワークプランは破綻する
- クリエイティビティはアプローチの面白さで発揮する

意思決定シナリオのデザイン2

タイミングマネジメント

どの時点で、誰に対して何をすれば、意思決定に向けて議論が進んでいくか。これを見極めて管理するタイミングマネジメントは、プロセス設計において極めて重要だ。

しかも最終的に意思決定する経営層だけでなく、議論に関わるステークホルダーやプロジェクトのチームメンバーなど、周囲の人たちすべての時間を管理し、参謀として全体をマネジメントしなくてはいけない。

プロセス設計において見極めるべきタイミングやチームの時間管理について、いくつかポイントを挙げていこう。

「潮目の変化」を見逃さない

経営層と議論を進めていく中で、意思決定すべきポイントや、論点に対する経営層の温度感が変化するときが必ずやってくる。

参謀は、この「潮目の変化」を見逃してはいけない。

この変化は、「そろそろ今の論点には決着をつけて、次の論点に移っていくタイミングがきた」というサインだ。したがってこのタイミングが訪れたら、論点を機敏に切り替えたり、ネクストステップに向けた議論のモードをアクティブにしたりしなくてはいけない。

潮目を読むというのは、実はかなり高度な能力であり、難易度の高い作業だ。だからこそ、まずは変化に対する意識の感度を高めることが、能力を磨く第一歩となる。

参謀の中には、現状が変化することを嫌がる人も多い。特に順調に仕事が進んでいるように感じるときほど、わざわざ自分からモードを変えようとはしないし、このまま進めた方がリスクは少ないと思いたがる。しかし、これが最大のリスクである。

つまりここに大きな落とし穴があるのである。

繰り返し述べているように、最初に立てたプラン通りに物事が進むことはまずない。「議論から生まれるデルタが小さくなっているな」「どうも良くない方向へ進んでいきそうだな」と感じるときが必ずどこかでやってくるものだ。

それにもかかわらず、当初のプランに固執して何も変えずにいたら、結局いつまでも前に進んでいかないまま、堂々巡りの無駄な議論を繰り返すことになる。

よって参謀は、「プランを検討し直すタイミングは必ずくる」という前提に立つべきで

ある。そして「必要に応じてプランを大胆かつフレキシブルに見直せば、リスクは低くマネジメントできるし、アウトプットのスピードと質も上がる」と、変化をポジティブに捉える意識を持たなくてはいけない。

時には、ドラスティックにシナリオを組み替えることも決断すべきだ。まずい方向へ進んでいると感じたら、そのまま乗り切ろうとは思わない方がいい。むしろ論点の設定から作業アプローチ、チームの再編まで、ゼロベースで抜本的に考え直すことも選択肢に入れて検討した方が、間違いなくリスクを軽減できる。

変化を前提にすれば、潮目の変化を捉える目も自然と養われる。変化を嫌っているうちは、重要な変わり目にはなかなか気づかないだろう。

まずはこの意識を切り替えることから始めてもらいたい。

「うまくいくパターン」と「うまくいかないパターン」の認識力を高める

「潮目の変化」に加えて、参謀が見極めるべき重要なポイントがある。それは、「うまくいくパターン」と「うまくいかないパターン」を理解することだ。

どのタイミングで誰と話をするか。どんな材料をどのような形でぶつけるか。そのとき、どんな反応が返ってきたか。

これらのパターンごとに経営層の反応をつかみ、「これはうまくいくパターンだからこのまま粘ってみよう」「これはうまくいかないパターンだから、議論の進め方を仕切り直した方がいいタイミングだ」といった判断ができるかが重要となる。

このパターン認識力が低いと、同じミスを何度も繰り返すことになる。

例えば第2章の「典型的なコケるパターン」でも述べた通り、経営層から「いいね、その方向で進めてくれ」としか言われないミーティングが何度か続いたら、これは明らかに「うまくいかないパターン」である。したがって経営層に本当にこれで進めてよいかを問わなければならないし、論点の提示の仕方や議論の仕方、さらには仕事の体制やアプローチなど、何かを変えなくてはいけないタイミングだと理解すべきだ。

ところがパターン認識ができない参謀は、「『いいね』と言われているのだから、うまくいっている」と勘違いする。おそらく前にも同じような場面を経験し、あとで痛い目を見ているはずだが、それをパターンとして認識するセンサーが働いていないのだろう。よって、「異論・反論が出てこないのは悪いサインである」という判断ができず、同じミスを繰り返す。

パターン認識力を高めるには、日頃から感度センサーを働かせて、受け取った反応を学びとして蓄積していくしかない。これも潮目の変化を読むのと同じで、「事象をパターンとして認識することが重要である」という前提に立って意識を変えれば、日々の経験の中で能力を高めていける。

一度ミスをして痛い目に遭ったときこそ、パターンを覚えるチャンスだ。「ここに至るまでのどの事象が、この結果につながったのか」を振り返り、事象と結果を結びつけてパターン化してほしい。

こうして自分の中でパターンを増やしていけば、議論の進め方やアプローチを仕切り直すべきタイミングを見極める目が養われるはずだ。

「最初の1カ月」で潮目が変わる

潮目の変化が訪れるタイミングはケース・バイ・ケースだが、多くの場合に共通することが1つだけある。

それは、スタートから1カ月後の時点で、必ず何らかの変化が起こることだ。

最初から議論してきたポイントやモードが変わるのも、たいていはこの時期だ。「答えを出すべき本質的な課題や論点は何か」について、あれこれ材料をぶつけながら探っていくモードだったのが、「この論点に対して答えを出せれば課題解決につながるだろう」というポイントが見えてくる。そうなったら、次のステップへ進むタイミングだと判断すべ

図表8　プロジェクトの潮目のタイミングマネジメント

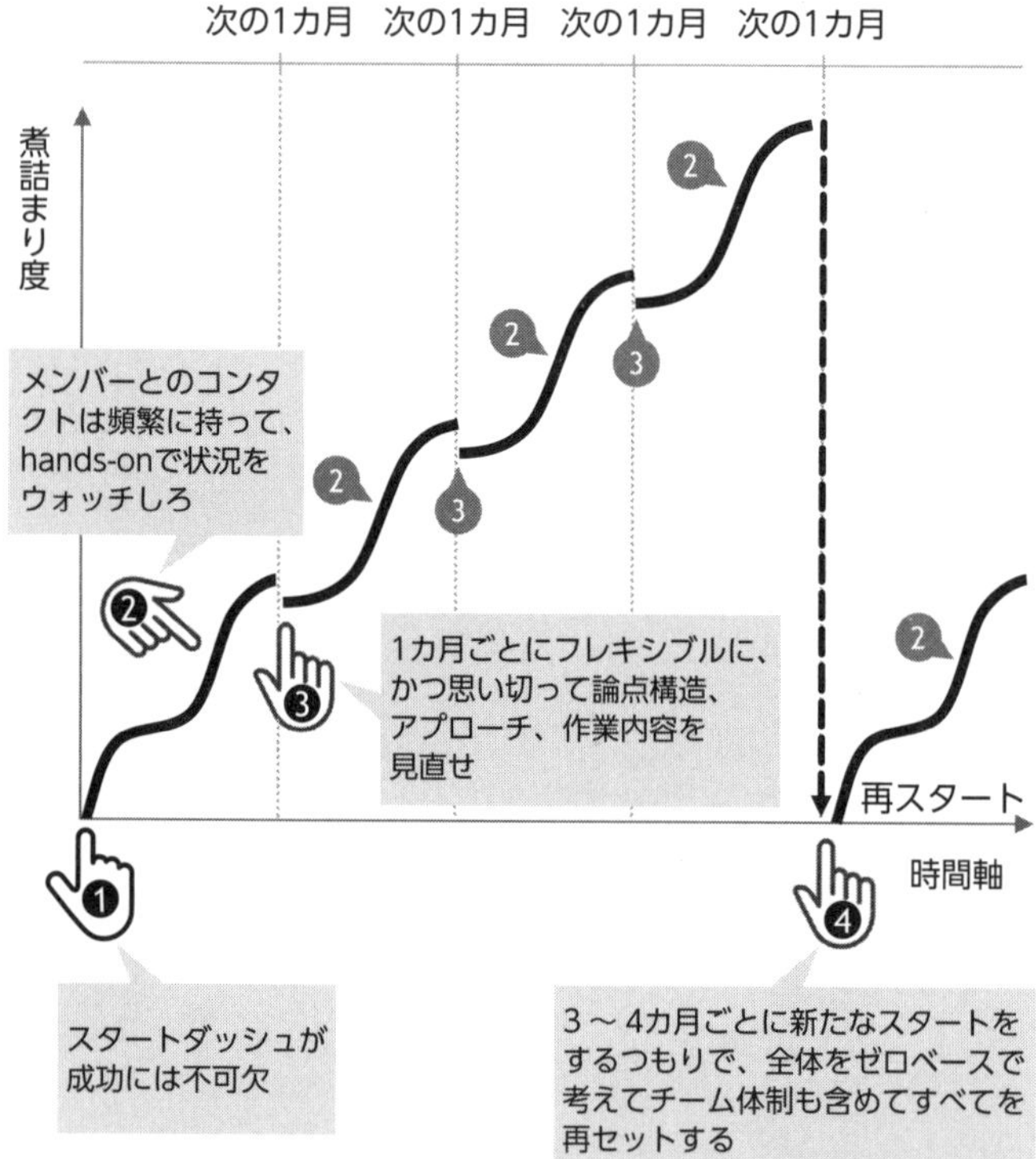
次の1カ月　次の1カ月　次の1カ月　次の1カ月
煮詰まり度
メンバーとのコンタクトは頻繁に持って、hands-onで状況をウォッチしろ
1カ月ごとにフレキシブルに、かつ思い切って論点構造、アプローチ、作業内容を見直せ
再スタート
時間軸
スタートダッシュが成功には不可欠
3～4カ月ごとに新たなスタートをするつもりで、全体をゼロベースで考えてチーム体制も含めてすべてを再セットする

きだ。

もし1カ月経っても次のステップにつながるポイントが見出せなかったら、これはこれで今のアプローチを変えるべきタイミングだと判断しなくてはいけない。それまでのやり方ではダメなわけだから、「スタート前に立てたプランのままでいいのか」「論点設定はこのままでいいのか」を徹底的に考えて、議論の進め方やアプローチを再設計し直す必要がある。

いずれにしろ、1カ月後くらいでそれまでの議論や課題設定をいったん総括し、次の打ち手を決めるという前提でいれば、最初の潮目を見逃さずに済む。

その後は「およそ3カ月に一度、モードを変える潮目が来る」という認識を持っておくといい。するとスピード感を持って質の高い議論ができる。

我々ボストン コンサルティング グループのプロジェクトでも、おおむねこのサイクルでモードを切り替えながら仕事を回している。潮目の変化についてもある程度のパターン認識を持つことが、タイミングマネジメントの秘訣となる。

期限を決めにくいケースは、マイルストーンの設定で時間軸を区切る

経営のアジェンダは、ゴールとなる期限が決まっていないことも多い。「コーポレート

ブランドをどうするか」「ESGをどう考えるか」といったお題は、必ずしも「いつまでに答えを出さないと会社が傾く」という絶対的な期限が決まっているわけではない。

だが参謀としては、何らかの形でスケジュールを組まなければ、仕事を進めることができない。したがって参謀から、「どのタイミングまでに何をどこまで進めるか」を経営層に提示して、スケジュールを握っておく必要がある。

こうした期限を定めにくいテーマについては、最初の数回の議論を経た早い段階で、いったんマイルストーンをセットすることからスケジューリングを始めるといい。

仮に経営層と「1年後には結論を出そう」と合意したとしても、それでは先が長すぎるので、途中のしかるべきタイミングにマイルストーンを置かなければいけない。その時間をどの程度の間隔で刻むべきかについて正解はないが、我々の経験では「3カ月をワンサイクル」とすることが多い。

月に1回、経営層とミーティングをセットするとしたら、3カ月で3回となる。その下の実務者レベルのミーティングを週に1回セットすれば、1カ月で4回ほど話し合いをして、月に一度の経営層の議論への準備ができる。

経営層のミーティングでは、1回目で課題や論点のスコープを明らかにし、2回目で主なオプションについて洗い出し、3回目である範囲について意思決定や合意をする。これが経営層の議論におけるメルクマールになるというのが我々の実感だ。

期限を設定しづらいケースでも、マイルストーンを設定し、それに向けて段取りを組む。それが仕事の生産性とクオリティを上げるためのコツだ。

スケジューラーを毎日眺めて重要イベントを頭に刷り込む

タイミングマネジメントでは、「プロジェクトをどう回すか」という長期的な視点に立つことに加えて、「日々の仕事をどう回すか」という短期的なスケジューリングも肝となる。

ここでよくある失敗は、大事なイベントまでに事前の準備や調整が間に合わないというケースだ。

例えば経営会議を重要なマイルストーンとするなら、そこから逆算して「どのタイミングで何を仕上げなくてはいけないか」を読まなければいけない。

「このタイミングまでにキーマンとなる役員や他部署のトップにヒアリングをしなくてはいけない」「でもこの役員は忙しくて直前ではアポがとれないから、ヒアリングの材料を揃えてからでは間に合わない」「だったらこの役員のスケジュールだけ今すぐ押さえて、材料はそれから仕上げよう」

このように、いつまでに何をしないと手遅れになるのかをイメージして、早め早めにセッティングすることが重要となる。

そのためにはスケジューラーを毎日眺めて、「重要なマイルストーンや大事なイベントがこの先どのタイミングでくるのか」を頭に刷り込むべきだ。そして、「手前の段階で必要な準備や調整を計画に入れているか」「早く仕込むべきなのに忘れていることはないか」を常にチェックする。

日々の仕事に追われていると、重要な段取りをすっかり忘れてしまい、「しまった、仕掛けのタイミングが遅かった」と後悔することが多々ある。こうした悲劇を招かないためにも、スケジュールを強く意識することを習慣づけるべきだ。

シニアへの相談は先にスケジュールを押さえる

日々のやるべきことをタイムマネジメントする際、重要なポイントがある。**それは「シニアへの相談やヒアリングは先にスケジュールを押さえる」ということだ。**

上位の役職になるほど忙しく、かなり先まで予定が埋まっている。場合によっては、ミーティングの時間をもらうのに1週間や2週間待たなくてはいけないこともある。

したがってシニアや忙しいキーパーソンには、まずは空いたスケジュールを押さえることが先決となる。

ここでの失敗パターンは、「コンテンツを仕上げてから相談しよう」と考えることだ。しかし議論に必要な材料を揃え、資料を完成させてから、シニアにアポをとろうとする。しかしそれでは、大事なイベントまでに間に合わない。

むしろ「何を相談するか」が明確になっていない段階でも、その相手がカギになるとわかっているなら、先にスケジュールを押さえてしまうべきだ。イベントまでに議論やヒアリングが必要となるのは間違いない相手なのだから、「この時期に何らかの相談が必要になるだろう」というタイミングを読んで、まずは時間を確保することが最優先となる。

「相談する内容を決めてからスケジュールを押さえる」という順番ではなく、「スケジュールを押さえてから相談する内容を決める」という逆の発想で段取りを組むということだ。相談の材料もないのにスケジュールを入れてしまって大丈夫かと思うかもしれない。だが経営層やシニアから見ると、下の人間が相談に来るタイミングが遅すぎると感じることは非常に多い。「議論の内容が煮詰まっていなくてもいいから、もっと早く相談してくれればよかったのに」というのが上の人間の本音だ。

よって何より重要なのはタイミングであり、すべてはタイミングから考える。これがタイムマネジメントの鉄則だ。**これまでスケジュールを「コンテンツドリブン」で考えてい**

た人は、「タイミングドリブン」へと発想を切り替えなくてはいけない。

タイミングを決めたら、そのタイミングで何を相談するか、その論点とポイントをシャープに決めることだ。そして、それに間に合う工数でどういう材料を最低限揃えたら議論できそうかに知恵を絞る。たとえ材料が十分に揃わなかったとしても、手持ちの中から何を突きつければ相手からいい知恵を引き出せるかを考え抜く。

コンテンツが揃わなくても、ミーティングの目的が果たせればそれでいい。「コンテンツありき」のスケジューリングは失敗につながることをくれぐれも肝に銘じたい。

自分のことは後回し。ステークホルダーの時間設計を最優先に考える

タイムマネジメントとは、その案件に関わるすべてのステークホルダーの時間を管理することだ。経営層やシニア、直属の上司や他部署の人たち、そしてチームメンバーまで、あらゆる階層で関わりのある人たちの時間を管理しなくてはいけない。

したがってタイミングマネジメントは、ステークホルダーというチームマネジメントにつながる。関係者を含めた全体の時間管理が下手な人間は、はっきり言ってチームマネジメントも下手だ。

全体の時間管理ができなければ、人の力を最大化できない。誰にどのタイミングで何を

図表9　キーマン活用のタイミングマネジメント

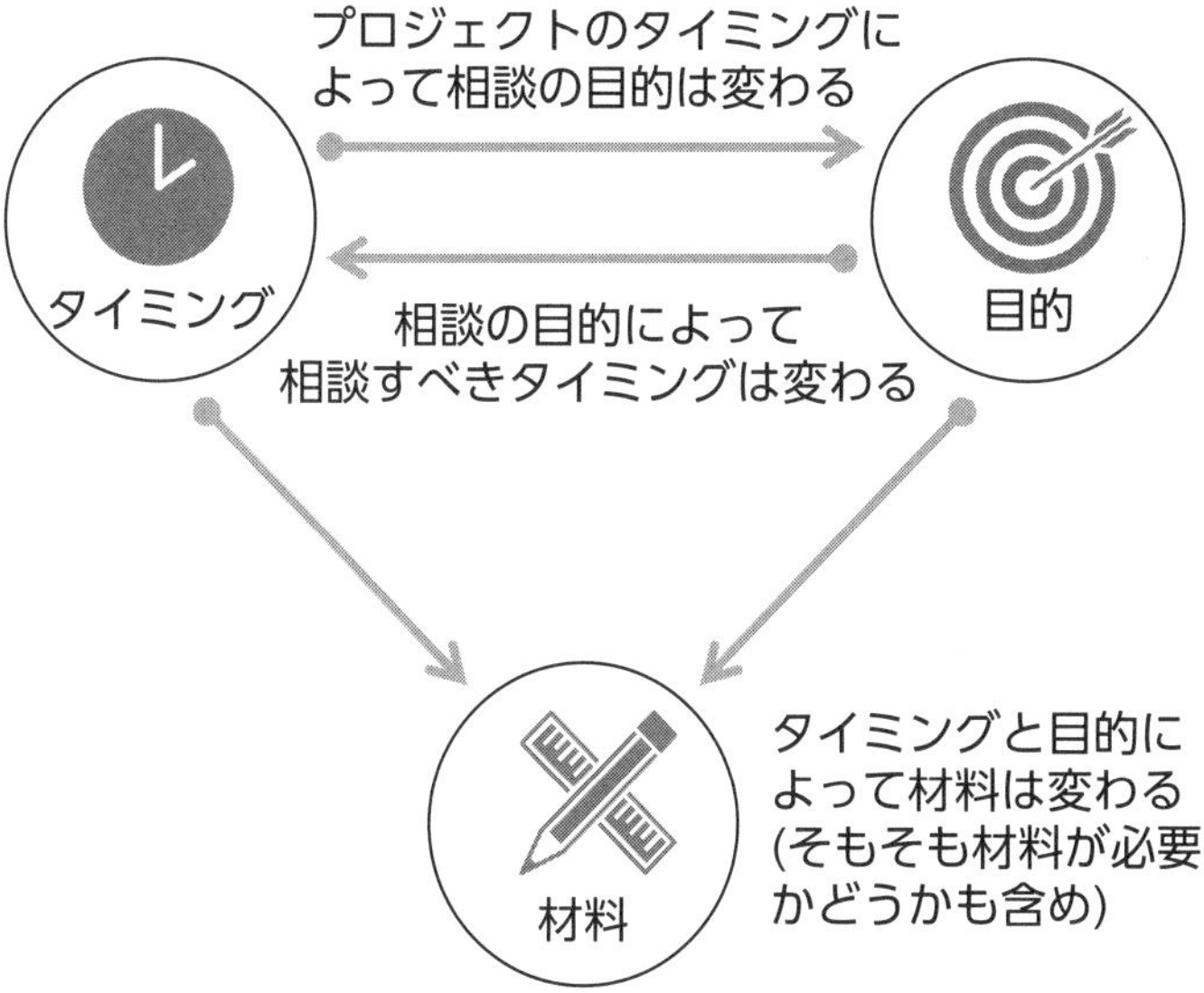
プロジェクトのタイミングに
よって相談の目的は変わる
タイミング
目的
相談の目的によって
相談すべきタイミングは変わる
材料
タイミングと目的に
よって材料は変わる
(そもそも材料が必要
かどうかも含め)

材料が準備できていなくても、早めのヒアリングや
相談をすることで議論が前に進むことは多い

してもらえば、自分にはない知恵を引き出して、一人ではできないことをやり遂げられるか。この発想が持てないリーダーに、チームの力をレバレッジできるはずがない。

時間管理が下手なリーダーに共通するのは、自分中心でスケジュールを考えていることだ。もちろんチームリーダーとしてやるべきことはある。だが、自分の中だけで完結することは、それをいつやるかを考えるのは一番最後でいい。それよりも「周りの人の力を最大化するために適切なタイミングをいかに設計するか」を先に考えるべきである。

特に外部にキーパーソンがいる場合は、その人の時間をベースにチームのタイムマネジメントを考えなくてはいけない。例えば、ある分野のエキスパートに知恵を借りたいと思っても、そういう人物のアポはそう簡単にとれない。ようやく時間をとれて素晴らしい話を聞けたとしても、そのタイミングが重要なイベントのあとになってしまったら手遅れだ。

「人の時間を使うことの価値」への意識が低い人間は、多様なステークホルダーのタイムマネジメントをする者として致命的な問題を抱えていると言える。

自分の上司とのミーティングはこまめにセットする

経営会議のようなトップミーティングの議論だけで、プロジェクトが前に進むわけではない。自分の上司やチームメンバーとのミーティングをどのタイミングで設定するかも重要となる。

自分の直属の上司となる部門長がいる場合などは、短時間で構わないので週単位でこまめにミーティングをセットするといい。定期的に現状を共有し、方向性について助言をもらうことで、チーム全体の作業を効率的に回せる。

自分の上司的な存在が社長であったとしても同様だ。経営会議にいつ、何をどうかけるかの相談は繰り返し、定期的に行った方がよい。

外部や他部門と意見交換をしたら、その直後に上司を加えて振り返りのミーティングを行うことをお勧めする。議論の内容を上司としてどう解釈するかを聞くことは、その後のプロジェクトを遂行する上で非常に価値のあるアドバイスとなる。

その際、上司のアドバイスの意味を部下や若手のメンバーたちが理解できているか疑問を感じたら、今度はそのメンバーと解釈についてすり合わせ、自分たちの仕事にどうつなげていくべきかを確認する。**ここでお互いの認識のズレを解消しておくことが、チームの生産性を高める方法として極めて効果的だ。**

上司とのミーティングやメンバーとのラップアップを適切なタイミングでセットすることも、人の力を借りて周囲の力をレバレッジするための大事なポイントだと心得たい。

「タイミングマネジメント」のポイント

- 仕事には必ず「潮目の変化」がある。それまでうまくいっているように思えたとしても、潮目の変化を見逃さない。そして変えるべきことは思い切って一気に変える
- うまく回っていない状況が続くときには、それでも耐えてうまく回すことに努力するのか、体制や進め方、アプローチなど何かを仕切り直すタイミングかを見極める
- 最初の1カ月での見立てが勝負。ここでスタート前に立てたプランのままでよいのか、論点の設定はこのままでよいのかを徹底的に考え、再設計する
- スケジューラーを毎日眺める。大事なイベントと重要なタイミングを頭に刷り込む
- シニアへの相談はスケジュールから決める。材料ができるのを待って先延ばしするのは最悪。材料がないからこそ相談する
- 自分の時間設計は後回しでいい。重要なステークホルダーとの個別のタイミングをどこでセットするかをよく考える

意思決定シナリオのデザイン３

チームマネジメント

設計したプロセスを本当に実行できるかどうかは、リーダーのチームマネジメントにかかっている。

ここでは典型的な失敗パターンを挙げながら、参謀としてどのようにチームをマネジメントすべきかを解説したい。

失敗パターン❶ チームメンバーのアサインミス

重要な案件だからこそ、自分にとって仕事がやりやすく、優秀だと思うメンバーをアサインしたのに、良いアウトプットが出てこない。これは非常に多い失敗パターンだ。

本当に成果を出したいなら、プロジェクトの特性や求められる要件を前提として、それに必要な能力を持ったメンバーを集めなくてはいけない。さらには、メンバーそれぞれが役割を担うことで、チームとしてダイナミズムを生み出せる構成になっているか、リーダ

図表10　メンバー選択のポイント

勝ち取りたいものと譲ってもよいものを明確にして
チームメンバーの組み立てを考える

誰もが狙う“エース人材”より、ダークホース人材を
うまく発掘して活用する

メンバーの画一化ではなく、テーマにフィットしたチームの
多様性を考える

ーである自分に足りない能力を補ってくれるメンバーが入っているか、といった視点も重要だ。

　ところが多くの場合、「社内で優秀と評価されている」とか「自分と似たタイプだから扱いやすいだろう」といった理由でメンバーを選んでしまう。そうしてできあがるのは、解くべき課題に対して必要な能力を持つ人もいなければ、チームのダイナミズムを生み出すダイバーシティもないチームだ。

　同じような優等生タイプを揃えても、付加価値を生み出すべき領域にマッチしなければ生産性はゼロにしかならない。メンバー同士が持つさまざまな能力を組み合わせて、チームとしての相乗効果を生み出すこともできないだろう。

　もしくは熟慮の末にメンバーを選んだとしても、実際にプロジェクトが始まると、その人の能力と仕事にミスマッチが生じることもある。そうした場合は、担当の割り振りを見直す、思い切ってメンバーを入れ替えるといった判断も必要だ。

　さらには、プロジェクトが進行するとメンバーに求められる能力が変わることもある。これまではプランを策定するフェーズだったので、経営企画での実績を持つメンバーが能力を発揮できたが、次は実行フェーズに入るので、現場の実務がわかる人が必要になるといった具合だ。そうなったら、チームの体制を大胆に組み替えなくてはいけない。

こうした変化が訪れることを先読みしながら、メンバー構成について機敏に手を打つ。それが参謀としてのチームリーダーに求められる要件である。

失敗パターン❷　メンバーの得意・不得意の理解が不十分

チームとして力を発揮するには、各メンバーの得意・不得意を理解することが不可欠だ。**それぞれが得意分野を担当できるように役割分担しなければ、チームとして機能しない。**

これまで一緒に仕事をしたことがないメンバーを集めた場合は、その人が何を得意とするのか必ずしも正確に理解できていないこともあるだろう。その際も、プロジェクトを回しながらできるだけ早く能力を見極め、各メンバーの力量や特性に合わせて、担当する役割やチーム編成を柔軟に変えていく必要がある。

参謀は、当初の想定が変わることを前提としなければいけないと述べたが、それはチームメンバーのマネジメントにおいても同じだということだ。

失敗パターン❸　作業工数の読み間違い

ある作業を完結させるのに必要な工数を、「自分がやった場合」を想定して見積もってしまう。これもよくある失敗パターンだ。

「自分はこの工数でできるから、メンバーも同じようにやってくれるはず」という期待感が間違いのもとになる。**参謀であり、チームリーダーである立場の人間は、経験と実績を積んだから上の立場になれたのであって、若手や経験の浅いメンバーが同じレベルで仕事をできると考えてはいけない。**

そもそも自分の過去の実績は、実際の実力以上に思いたがるのが人間だ。本当はそれほど高いレベルで仕事をこなしてきたわけではないのに、「自分はこんなにできたんだぞ」と過去の自分をインフレさせてしまう傾向がある。

よって自分の記憶はいったん横へ置いて、目の前にいるメンバーの実力値を適正に判断しなくてはいけない。そして、メンバーが実行できる現実的な作業工数を設定すべきだ。

そしてもう1つ、各メンバーの作業工数の合計が、リーダーにとって必要な作業工数とイコールにはならないことも知っておかなければならない。

経営層の議論に必要な材料をメンバーに集めさせたとしても、それだけで準備が整うわけではない。それらの材料を使ってどのように論点を設定し、議論を活性化するためのメッセージとして昇華させるか。この統合化の作業はリーダーの重要な仕事だ。

したがって、そのための時間を読み込んでおかないと、リーダーとしての仕事に支障が出てしまう。メンバーが集めた材料だけで準備は完了すると考えていると、実際に必要な工数と乖離してしまうのだ。

私の経験則では、「自分ならこれくらいでできたはず」と思う工数の7掛けくらいで見ておくと、チームとしての工数を適切に見積もることができる。

失敗パターン❹ メンバーへの指示の出し方がまずい

「仮説思考」の重要性はよく言われることである。そしてリーダーもメンバーに対して、「早めに仮説を立てろ」と指示を出すことも多い。あるいはリーダーが、「答えはきっとこれだ」と初期仮説を示してしまうこともある。

経営層とコミュニケーションする段階では、参謀が自分なりの仮説を持って臨むことが大事だと話してきた。**だが、その準備段階で仮説にこだわってしまうと、メンバーたちは「リーダーはこんな仮説を持っているらしいから、それをサポートする材料を組み立てるのが自分たちの役割だ」と勘違いしてしまう。**

リーダーがメンバーに対して最初に出すべきオーダーは、「どんな課題や論点を立てれば答えに近づけるのかというヒントを見つけなさい」というものだ。

答えそのものは右なのか左なのか、AなのかBなのかまだわからないが、この論点に答えが出せれば、経営層の議論は前に進むのではないか。それをゼロベースで探っていきなさいという指示を、リーダーは出さなくてはいけない。

仮説思考を間違って解釈すると、何が問いか、の仮説でもなく、論点の答えに対する仮説を無理やり組み立てて、それを確かなものにするために、作業をすることに埋没してしまう。**本質的な論点はどこにあるか、を見つけるための模索の段階から、論点の仮説ではなく答えの仮説を考え、検証する作業に陥ると、意思決定が遠のいてしまう危険性があることを知っておくべきだ。**

失敗パターン❺「任せること」と「介入すること」の切り分けを見誤る

どこまでメンバーに任せて、どこからリーダーである自分が介入するのか。そのバランスやタイミングの見極めも、参謀の力量を左右するポイントだ。

なるべくメンバーに任せた方が、本人のモチベーションも高まるし、自分の時間も増える。**だが、任せた上でチーム全体として仕事を成立させるには、リーダーがメンバーの状況を把握することが必須条件となる。**

任せた仕事をちゃんと回せているか。つまらないところで立ち止まったり、壁に突き当たったり、同じところでぐるぐる回ったりしていないか。それを見極めるには、リーダーがアンテナを張ってメンバーの様子をウォッチすることが不可欠だ。

特に経験や力量が足りていないメンバーに対しては、後ろに立って何をやっているのか眺めてみたり、「うまくいってる?」「何をやっているの?」という気軽な会話を投げかけてみて、このまま任せて大丈夫なのかどうかの感覚をつかまなくてはいけない。

リーダーが観察をしないと、メンバーが間違った方向に動いたり、無駄な作業ばかりしてしまう。こうしたリスクを機敏に察知できず、介入するタイミングを間違えると、失われた時間を取り戻すために多大な労力を要することになる。

あるいは、方向性は正しいものの、アプローチが間違っているケースもよくある。

メンバーがあちこちから市場のデータを集めて分析し、仮説構築しようとしているが、どう見てもそれが経営層にとって納得できる仮説になるとは思えない。リーダーとしてそう判断したのであれば、「市場のデータで分析するのはいったんストップして、各分野の専門家にインタビューをしてから仮説を立ててはどうか」などとアドバイスして介入すべきだ。**アプローチの誤りを早めに気づかせてやるのは、リーダーの役割である。**

また、どこで見切りをつけるかを教えるのもリーダーの仕事だ。例えばデータ分析の精度について、「すでに90%まで仕上がっているものを、95%まで高める」という労力をかけるべきだろうか。

これは60%を70%に高めるよりも、はるかに手間と時間がかかる作業だ。だが精度が95

%になったからといって、経営における意思決定の質にはさほど影響しないことも多い。そもそも経営の課題について、未来がどうなるのかを100%証明できることなどあり得ない。したがって、「どこかで見切る」と腹をくくらないと、意思決定のスピードも質も低下してしまう。

この見切りの判断を下すのは、リーダーの責務だ。その判断にはリスクが伴うので、メンバーに任せるべきではない。

そして、何の目的でこの作業をやっているのか、どの問いに答えを出すためにやっているのか、作業にはどのレベルの精度が必要なのかを、プロジェクトの進行に沿ってメンバーに繰り返し伝えなくてはいけない。さらには、自分が伝えたことをメンバーの口から再度語らせて、相手の理解度を試しながら任せるレベルを調整する必要がある。

そのためには、短時間でもリモートでもよいので、メンバー各人とのタッチポイントはデイリーベースで持った方がよい。

「何をやってほしいのか」についてリーダーとメンバーの間に相互理解があるからこそ、「任せる」という行為が可能になる。リーダーが「伝えたつもり」でいるのは、チームの仕事を停滞させる原因になることを認識すべきである。

失敗パターン❻　メンバーの動機づけが下手

チームのアウトプットを高めるには、メンバーがオーナーシップを持ち、「自分はこの仕事をやりたいのだ」というモチベーションがなくてはいけない。「上に言われたから」という〝やらされ感〟で働いていては、生産性は上がらない。作業の指示を受けて仕方なくやっているようでは、チーム全体が疲弊してしまう。

そうならないためには、メンバーの一人ひとりが、チームの一員でいることへの誇りと、仕事を通じて自分の成長が加速しているという実感を持ってもらうことが必要だ。この動機づけをすることも、リーダーの重要な役割となる。

それには、このチームで働くことの意義を伝え、自分たちの仕事が会社にとってどんな貢献につながるのかを語らなくてはいけない。

リーダーには、プロセスや作業アプローチをどう組み立てるかというハード面だけでなく、メンバーの心にどう寄り添うのかというソフト面への配慮も求められるのである。

「チームマネジメント」のポイント

- メンバーのアサインが成功のカギ。社内で優秀とされるメンバーや自分に似たタイプだけでなく、解くべき課題に対して必要な能力を持つ人物を選ぶ
- 頻繁なコンタクトでメンバーの力量と成長を見極める。「何をどうやっているのか?」「何に時間を使っているのか?」「何に時間をとられているのか?」を観察し、無駄な時間を作らせない
- 論点の仮説を考えることと答えの仮説を考えることは違う。初期段階では、答えの仮説よりも、何に答えを出せれば、このミッションはうまくいくのか、という論点の仮説を作って回すことが重要
- 「何をやってほしいのか」についてメンバーに理解させる。ただ伝えるだけでなく、メンバー自身にやるべきことを説明させて理解度を確認する
- 仕事の意義を伝えて、チームの一員として貢献していることへの誇りをもたせて、メンバーをモチベートする

第5章

議論の誘発

——考えさせられる材料と質問の突きつけで刺激する

本章では、「参謀の仕事を定義する要素」の最後となる「考えさせられる材料と質問の突きつけ」について解説する。

この要素を実践するには、2つのプロセスが重要となる。1つは経営層とのミーティングに向けての事前準備、もう1つはミーティング当日のファシリテーションだ。

ミーティングの事前準備では、「明快なアジェンダ設定」「簡潔なドキュメンテーション」「わかりやすいプレゼンテーション」の3点を押さえることが重要だ。これが揃えば、ミーティングの付加価値を高めることができる。

当日のファシリテーションでは、参謀が議論の流れを読みながら発言者の意図や本音を引き出す質問をしなくてはいけない。また、合意形成へ向けて議論を整理していく手腕も必要だ。それによって、質の高い意思決定を促すことができる。

それぞれの段階で参謀としてやるべきことを述べていこう。

議論を誘発させるために 1

ミーティングの付加価値を高める事前準備

経営層を「はっとさせる」コンテンツを用意する

集めた情報やヒアリングした意見を、きれいに整理するのが得意な人は多い。だが経営層とのミーティングで必要なのは、本人が自分でも気づいていない潜在的な思考を引き出す材料だ。

つまり、経営層をはっとさせるような視点を提示できているか。それがコンテンツを用意する際に重要なポイントとなる。

最初のミーティングで経営層から出た意見をドキュメントにまとめて、次のミーティングに臨むとする。この資料に前回の発言が美しくまとめられていると、経営層も参謀もついつい満足してしまう。そして経営層からは、「君はよくわかっているね」「すごいじゃないか」とお褒めの言葉をもらう。

これがよくあるパターンだ。

だが、最初の段階で出てくる意見は、その下に眠っている本質的な要素がほんの少し現れただけの氷山の一角であることが多い。したがって次のミーティングでは、その下に隠れている部分を引き出し、本質的に考えなくてはいけないことは何かを突き詰めなくてはいけない。「前回あなたはこうおっしゃいましたが、その本質的な意味はこういうことではないでしょうか」と経営層に質問を突きつけて、もう一度相手に自問自答させる必要があるのだ。

経営層が言ったことをただ整理しただけのドキュメントでは、この目的は果たせない。もちろん整理する作業自体は必要だが、それがコンテンツを作る目的ではない。

良いコンテンツとは、「それをきっかけに議論が広がっていくもの」である。資料としての体裁を整えることが良いコンテンツなわけではない。

むしろ整理する作業はメンバーに任せて、リーダーである参謀は経営層を刺激するための準備に時間を費やした方がいい。「経営層を刺激する」とは、「良い質問をする」と同義だ。

よって参謀は「経営層にどんな問いかけをするか」に力点を置いて、コンテンツの事前準備をすべきである。どの材料をどのような形で突きつけ、どんな質問を投げかけるか。

メッセージをぶつける際のトーンはどうするか。こうしたところまで十分な時間をかけて熟考する。

この準備を十分にやりきれていない参謀は、ミーティングで十分な成果を得ることに失敗すると思った方がいいだろう。

ミーティングの目的は明確に、コンテンツはシンプルに

ミーティングで使うドキュメンテーションは、できるだけシンプルなパッケージにするのが鉄則だ。

私自身のガイドラインとして、「5枚のキースライドと、それを支える20枚のボディ」を基本形としている。あとはすべて参考資料とするか、バックアップに回す。

経営層と話すのだから、あらゆる場面を想定して資料をできるだけ多く準備しておきたい。メンバーが頑張って準備してくれたのだから、分析した内容は全部資料に入れてやりたい。参謀として、こんな気持ちになるのもわからなくはない。

だがその思いを断ち切ってでも、コンテンツは必要最小限にまで絞り込むべきだ。

シンプルなパッケージに仕上げるには、まず「ミーティングの目的をどこに設定するか」を徹底して考えなくてはいけない。明快なアジェンダ設定があってこそ、揃えるべき

材料や投げかけるべき論点、パッケージの体裁などが決まる。また、「経営層に何を意思決定してほしいのか」によって、キーメッセージやキースライドも変わってくる。

つまり参謀は、「このミーティングで何を勝ち取るのか」のゴールを明らかにし、それをパッケージングと連動させなくてはいけない。目的がはっきりすれば、それを達成するのに必要な情報や議論すべきポイントだけに絞り込んだ簡潔なコンテンツを作れる。

なお、ミーティングを終えたときに、「経営層にどんな印象や雰囲気を残してミーティングを終了したいか」もイメージしておくといい。この〝湯上り感〟を思い描き、そこへ向かって準備を進めることも大切なプロセスである。

デルタの大きさをミーティングの評価基準とする

ゴール設定に加えて、評価基準もミーティングごとに必ずセットすべきだ。**ミーティングがどんな状態で終わったらマルで、どんな状態ならバツなのか。それを事前に明確にしておくことはとても重要だ。**

例えば、自分が提示したコンテンツに対して、経営層の誰からも異論・反論が出ることなく内容が認められた。そんなミーティングを「成功だった」と評価していないだろうか。

そもそも何のために経営層とミーティングをするのかといえば、議論を経て変化を生み出すためだ。

議論が深まった結果、最初に想定していた仮説が別の仮説に変わった。あるいは、議論する課題のレベルが引き上がった。さらには、今まで隠れていた真の論点が見えてきた。

このように、「ミーティングの前と後でどれだけ大きな変化が生まれたか」が重要なのである。**つまりミーティングの成果は、デルタの大きさで評価されなくてはいけない。**

異論・反論がまったく出されず、「そういう方向で進めてくれ」で終わってしまうミーティングは、デルタがほぼゼロという意味だ。ミーティングの前後で変数に何の増分もない。

時間をかけてパッケージを準備するのも、この変化を生み出すためだ。参謀はこの評価基準を念頭に置いて、事前準備のプロセスをデザインする必要がある。

どうやって材料を組み立てるか。当日のタイムテーブルはどうするか。この提案では、あえてケンカ腰で吹っかけてみるべきか。ここで意見が割れそうだから、そのときはどう議論をさばこうか。ここは浅い理解にとどまりそうだから、この材料で考えを深めてもらおうか。

この論点を議論するなら、一度のまとまった時間で決着をつけるより、短時間でいいから週に一度の時間をとって何度かミーティングを回した方がいいだろうか。

このように、ミーティングのセッティングから当日のコミュニケーション戦略まで、広い範囲で変化を生み出すためのデザインを設計する。

だから参謀は、資料作りそのものに時間をかけてはいけない。そのミーティングで達成すべきゴールに向けて、「このタイミングでは何をどこまで勝ち取らなくてはいけないか」をクリアにし、「そのために必要な材料、キースライドは何か」を明確にすることにこそ、頭と時間を使うべきである。

議論の土俵を揃え、トレードオフを見極めておく

事前準備においては、議論の前提となる土俵を揃えることも重要である。

経営層の間でどこまで認識が揃っていて、どこからはバラバラなのか。あるいは課題や論点を捉えるスコープが人によって違っていないか。

こうしたズレがある可能性を事前に見極めて、前提条件を揃えてから議論をスタートしないと、話がかみ合わなくなる。

例えば「市場の魅力度」について、ある人は「将来性がまったくない」という前提に立ち、ある人は「まだまだ伸びしろがある」という前提に立っている。もしくは、ある人は「市場全体にとっての魅力度」と捉えているが、ある人は「自社にとっての魅力度」と捉

えている。

このように違った前提や理解のまま議論をしても、意味のない意見の対立を生むだけだ。**しかもこれらの対立は、あくまで土俵が揃っていないために起こった表面的なものであるにもかかわらず、本質的な意見の対立だと勘違いしやすい。**前提を整理することなく議論を進めると、本当に重要な課題や論点を見失うリスクが高まる。

よって参謀は、事前準備の段階で「何を前提条件にするのか」を明確にし、ミーティングの最初に提示できるようにしておかねばならない。どの土俵から議論を始めると話が進みやすそうか、議論の途中でどんなズレが生じたら前提条件に立ち返るべきか。こうした読みをしておくことで、ミーティングの付加価値を高めることができる。

また、トレードオフがあるポイントも事前に明らかにしておくといい。そこが経営層の意見が分かれたり、議論が停滞したりしやすい点になるからだ。

その場合に、どんな材料やファクトを示せば、経営層にこの難しいポイントについて本気で迫っていけるかを考えておく。また、それらの材料やファクトをわかりやすく示すため、参加者が効率的かつ正しく理解できる資料を準備することも忘れてはいけない。

当日の時間制限を意識してプレゼンの組み立てを考える

ミーティング当日は、メリハリのあるプレゼンテーションを心がけるべきだ。紙に書いてあることをただ読み上げるのがプレゼンではない。最終的に目指すのは経営層に意思決定してもらうことであり、そのゴールへ向けて経営層の議論を活性化させることがプレゼンの目的である。

したがって、資料やスライドもすべてを丁寧に説明する必要はない。準備段階で、意思決定を迫るカギとなるスライドと、補足やバックアップとして置いておくだけでいいスライドをきちんと区別した上で、資料全体を組み立てることが必要だ。

当日の時間配分も想定しておかなければならない。

持ち時間を資料の枚数で均等に割って、1枚ずつ同じ時間をかけるのは愚の骨頂だ。重要なキースライドには十分な時間を使い、それ以外は飛ばしてしまってもいい。メリハリをつけなければ、何が重要なポイントなのかが経営層に伝わらなくなる。

忙しい経営層が相手なので、ミーティングはたいてい1時間、場合によっては30分程度しかもらえないこともある。この時間制限内で設定したゴールを勝ち取るには、ミーティングの目的から逆算して全体のタイムフレームを想定しておくことが重要だ。

図表11　中間段階の会議向け資料

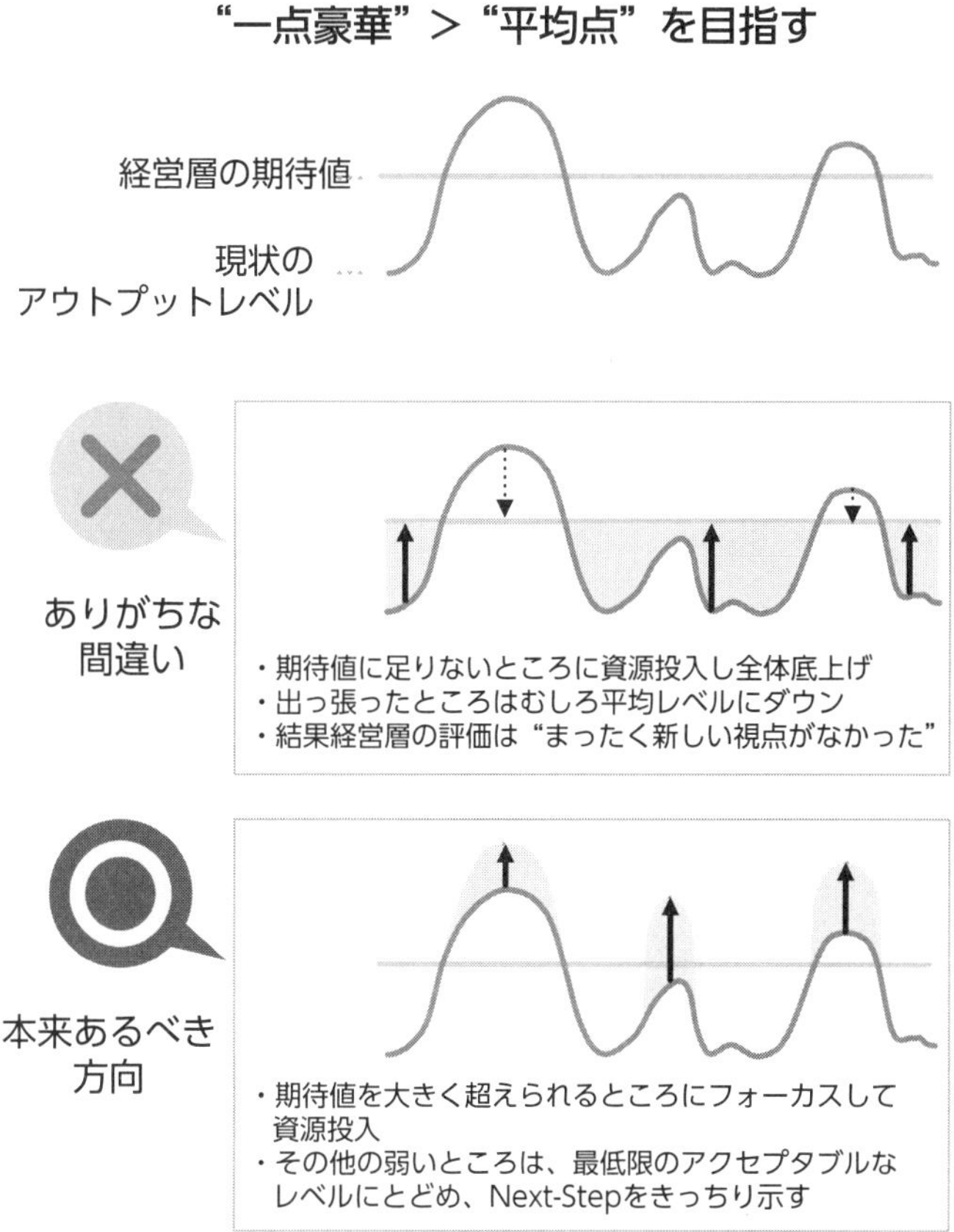

"一点豪華" > "平均点" を目指す
経営層の期待値
現状の
アウトプットレベル
ありがちな
間違い
・期待値に足りないところに資源投入し全体底上げ
・出っ張ったところはむしろ平均レベルにダウン
・結果経営層の評価は "まったく新しい視点がなかった"
本来あるべき
方向
・期待値を大きく超えられるところにフォーカスして
資源投入
・その他の弱いところは、最低限のアクセプタブルな
レベルにとどめ、Next-Stepをきっちり示す

最悪なのは、1時間のうち50分近くもプレゼンテーションに使ってしまうようなパターンだ。残り10分しかないのに、「では本日のプレゼン内容をもとに議論していただきたい」と言われても、それは無理な話だろう。

その日の目的を達成するためには、説明の時間と議論の時間とのバランスをどう取るか。もし複数のテーマがあるなら、それぞれどれくらいの時間をかけるか。

このように、ゴールと持ち時間を強く意識した上で、当日やることの組み立てを準備するようにしたい。

「ミーティングの付加価値を高める事前準備」のポイント

- 明快なアジェンダ設定、簡潔なドキュメンテーション、わかりやすいプレゼンテーションの3つを押さえる
- きれいな資料ではなく、ハッとさせる資料を作る
- このミーティングの目的、意思決定ポイント、評価基準を明確にセットする
- 意見が割れる、あるいは浅い理解にとどまりそうな論点ポイントは何か、をクリアにしておく

- 議論の土俵を揃える必要があるポイント、トレードオフのあるポイントはどこか。それをどのファクトや材料で示すのかを見極め、参加者が効率的かつ正しく理解できる資料を準備する
- メリハリのあるプレゼンテーション：資料の枚数にあわせた均一的な時間配分はダメ。書いてあることを読むのがプレゼンではない
- 〝湯上り感〟を大切にする。どんな印象や雰囲気を残してミーティングを終了するのかをイメージしておく
- あらかじめ全体のタイムフレームを想定しておく。説明時間、議論の時間のバランス。どのテーマにどれくらいの時間を要するか、時間をかけるべきかの構想をする

議論を誘発させるために 2

質の高い意思決定を促すファシリテーション

意図がわからない質問には、質問を返して真意を理解する

ミーティングの参加者から出された質問が、何を意図しているのかよくわからない。その場合は参謀がファシリテーターとして、その意図をきちんと理解しなくてはいけない。**そのためには、参謀からその参加者に逆質問を投げかける必要がある。**

「本当に聞きたかったのは、こういうことでしょうか」

「今の質問のポイントはこういうことと理解したらよいでしょうか」

こうした質問を返して、相手の頭の中をクリアにしながら質問の真意を探っていく。

参謀が説明した内容の不明点を確認するための質問なのか、ファクトについてただす質問なのか、そもそも論点が理解できないという質問なのか。まずはそれを明らかにしなければ、質の高い議論は展開できない。

そして相手の意図が理解できたら、その質問に対してストレートに答えることが大事だ。相手の質問が本質的であるほど、あるいは質問の真意が明らかになるほど、参謀に深い思考がないと簡単には答えられなくなる。したがって、答えの周辺にあることを何となく答えてごまかそうとする意識が働く。

だが、それは絶対にやめるべきだ。なぜなら参加者がお互いに何を知りたいのかを理解し、共通認識を持つことが、ミーティングの重要な目的の1つだからだ。

どうしてもその場で答えられないなら、「その質問についてはもう一段掘り下げて整理をして、次回の会議でお答えします」などと対応を伝えて、相手と合意をする。

相手の質問についても、自分の答えについても、曖昧なまま放置せず、一つひとつクリアにしていくことで、ファシリテーションの質を高めることができる。

参加者の本音を引き出す質問をする

ファシリテーションの本質は、参加者の本音をどれだけ引き出せるかにある。

そのためには、本人さえもはっきりと気づいていない真意や引っかかっているポイントを引き出し、明確にする質問をしなくてはいけない。参加者の視点を広げたり、異論を引き出したり、少数意見を拾ったりする質問ができるか。それがファシリテーターとしての腕の見せどころだ。

議論の中で参加者の発言を聞いていると、「言っていることはぼんやりしているが、何かとても大事なことを伝えようとしている気がする」と感じることがある。その場合は聞き流してしまわず、やはり参謀がさまざまな角度から質問を突きつけて、発言の本質をつかみ取らなくてはいけない。

やや高等なテクニックになるが、相手によって質問の投げかけ方を使い分けられればベストだ。

人によって、同じ質問をしても違う反応が返ってきたり、聞き方によって手応えが変わってきたりする。そうした個々のクセまで理解して、相手を刺激できるくらいのレベルになれば素晴らしいファシリテーターになれるだろう。

議論を「広げる」と「切る」のバランスをとる

ミーティングで出された意見は、どこかのタイミングで意味のある単位に構造化し、整理する。そして次の議論に向けて、論点をクリアにしていく。

この手順を踏みながら、合意形成を図るためのベースを作っていくことが大事だ。

ただし、構造化するタイミングが早すぎてはいけない。一定の時間までは、参加者からいろいろな意見を引き出し、議論の幅を広げていくことに注力すべきだ。

この段階で、想定していた論点とは異なる議論が発生したとしても、「それは今議論すべきことではありませんよね」と切り捨ててしまうのは良くない。もしかしたら、そこに参謀である自分が見落としていた重要な視点が含まれているかもしれないからだ。

とはいえ、あまりに大きく論点がずれている時や、ただ冗長な発言が繰り返されているだけのときには、どこかのタイミングで切らなくてはいけない。

議論を広げるべきところは広げて、意見を切るべきところは切って整理する。このバランスをうまくとることがファシリテーターには求められる。

「お言葉ですが」を枕詞に異論をぶつける

たとえ相手が経営トップでも、発言に対して異論があれば、率直にぶつけるべきだ。

だが参謀としては、「失礼なヤツだと思われないか」「相手を怒らせて議論をストップさせてしまうのではないか」と心配になることもあるだろう。

そんなとき、非常に便利な言葉がある。

それは「お言葉ですが」だ。

この一言を前置きしてから異論を切り出すと、それほど失礼な印象にはならない。これは私の先輩パートナーがよく使っていた方法だ。彼は伝統的な大企業の出身だったので、上の立場にいる人に対しての礼儀を示すことで、言いたいことが言いやすくなる、とよく心得ていたのだろう。

ここで言い方を間違えると、相手に対して「とても的はずれなことを言っておられますが」と頭から否定するニュアンスに伝わってしまう。するとそのことに引っかかってフラットな議論はできなくなるだろう。かといって、参謀の腰が引けて、経営層に異論を提示できないのは問題だ。

ここはぜひ「お言葉ですが」の効用を活かして、相手との間に波風を立たせずに、率直な意見をぶつける自分なりのテクニックを習得してもらいたい。

いったん合意したことも、違和感があれば再議論する

前回の議論でいったん合意したものの、その後に他の視点や側面から考え直してみたら、「あれを合意事項として進めてよいのか」と悩み出す。あるいは経営層の方から、「実は前回の合意事項が腹落ちせず、いろいろと情報を調べてみたら、他に気になる論点が出てきた」と異論を提示されることもある。

これも参謀であれば、たびたび経験する場面だ。

ここでやるべきことは、その新たな視点や異論の本質がどこにあるのかを判断することだ。そして、前回の合意事項をくつがえしてでも再度議論すべきなのか、それとも議論し直すには値しないものなのかを、参謀が判断しなくてはいけない。

これは正直言って、面倒な作業だ。だが、その視点や異論をどう扱うかを考えないと、あとでもっと面倒なことになる。

一番やってはいけないのは、経営層に対して「それはもう決まったことですよね」「前回あなたはこうおっしゃったじゃないですか」と詰め寄って、異論を封印してしまうことだ。よく考えもせずに誰かの意見を押し込めてしまうと、あとで必ず痛い目に遭う。

自分自身や経営層が前回の合意事項に違和感を抱いたのなら、その違和感を紐解いて、次の議論でもう一度合意できるように、論点や議論のスコープを再設定しなければならない。

例えば、ABCの3つの案のうち、前回は「B案で行く」と決まったものの、よく考えてみると何かおかしい気がする。そう直感したのなら、B案で決まった経緯を改めて整理し、議論の中で抜け落ちているポイントがどこにあるのかを明らかにする必要がある。それをやらなければ、同じ論点について再び合意に導くことはできない。

私の経験からいっても、こうして再び議論し直したことが、本質的で重要な論点であることが後でわかることや、大事な意思決定につながることは多い。

「もう決まったことだから」という弱い気持ちに流されず、違和感があれば徹底的に紐解いて、その背後にあるものをクリアにすることが参謀の重要な役割である。

「浅い理解にとどまりそうなポイント」には勇気を持って切り込む

表面的には話がスムーズに流れていて、一見すると参加者も全員が内容を理解しているように見えるが、どうも本当に発言の意図が伝わっているのか怪しい気もする。

議論をしていると、こんな直感が働くこともよくある。

これが要するに、「浅い理解にとどまりそうなポイント」だ。これをキャッチしたら、参謀は積極的に議論を吹っかけたり、鋭い質問で切り込んでいかなくてはいけない。

とは言ったものの、これはそう簡単ではない。

つい「本当にわかってますか」とトゲのある言い方になってしまったり、逆にズバッと切り込むのをためらって奥歯に物が挟まったような聞き方になってしまい、経営層から「一体何が聞きたいんだ?」と不機嫌な反応を示されたりすることは多い。

だが、ここで逃げてはファシリテーターとしての役目は果たせない。したがって参謀は、質問のテクニックを磨くしかない。

図表12　ファシリテーションのポイント

本音を引き出す

広げると切るのバランスをとる

異論を拾う、ぶつける

そもそも論に引き戻す

考えさせる質問を突きつける

あえて合意をくつがえす

勇気を持って切り込む

違和感を紐解く

「今の発言はこういうことをおっしゃっていますか」とズバリ切り込んだり、逆にわざと自分の想定とは逆の意味の解釈で問い直して、相手から「いや、そうじゃない。こういうことだ」という否定を引き出したり、2つの解釈を示してどちらかを選ばせたり。こうしたテクニックを駆使しながら、質問によって参加者の理解を深めていかなくてはいけない。

実は経営層や役員同士でも、「あの人の質問の意図はよくわからない」と感じつつも、言い出すことができずにそのまま議論が流れていくことはよくある。そこでストレートに「すみません、質問の意味がよくわからないのですが」と勇気を持って聞くことも、参謀の重要な仕事だ。

ここで必要なのは質問の技術以上に、メンタルの強さかもしれない。

わかったふりをして素通りしてしまいたい気持ちをこらえて、わからないことをわからないと言う勇気をいかに奮い立たせるか。それだけの胆力や覚悟が参謀には求められる。

「質の高い意思決定を促すファシリテーション」のポイント

- 参加者からの質問には、意図を正しく理解し、簡潔かつストレートに返答をする──説明した内容の不明な点を確認する質問なのか、ファクトをただす質問なのか、論点

が理解できないというそもそも論の質問なのか、どういう意図の質問なのかの理解が重要

●参加者の本音を引き出す質問をする―視点を広げる、異論を引き出す・拾う質問をする―参加者に考えさせる質問をする―質問の仕方を場面や人で使い分ける

●出された意見を意味のある単位で構造的に整理し、次の議論を進めやすくしたり、合意形成しやすいベースを作る。整理をするタイミングまでは、議論を整理したり意見を切ったりせず、いろいろな意見を出してもらうことに注力する

●参加者の意見に異論があれば、率直に伝える。「お言葉ですが」の効用を駆使する

●前回の合意事項に違和感があれば、それを紐解いて、次の議論でもう一度合意するための論点を設定し直す

●「浅い理解にとどまりそうなポイント」をキャッチしたら、勇気を持って質問し、参加者の理解を深める

議論を誘発させるために3

ネクストステップの質を高める「ラップアップミーティング」

ここまでは、ミーティングまでの事前準備と、当日のファシリテーションについて解説してきた。

だが実は、経営層とのミーティングが終了したあとにも重要なプロセスがある。

それがラップアップミーティングだ。

その日のミーティングの議論をどう理解するかの解釈をまとめ、事務局のチームメンバーと共有し、ネクストステップの論点、ワークプランをどうセットするかを確認する。このラップアップが次のミーティングの質を高めるのに欠かせない。

ここからは補足として、ラップアップの重要性と具体的な実践法について述べていきたい。

ラップアップをやらない3つの理由

私はさまざまな企業の会議に同席してきたが、ラップアップをやらない、あるいはやっているように見えて、機能していないケースが結構多い。

この重要なプロセスを、なぜきちんとやれていないのか。理由は3つある。

理由1　そもそもラップアップの時間をセットしていない

これはラップアップの重要性が十分に認識されていないためだと考えられる。

長時間の会議なら終了後の30分程度、短いミーティングであれば、終了後の10分程度でもよい。**「ラップアップは当然やるものだ」という前提に立って、ミーティング終了後に、メンバーの中での振り返りの時間を毎回、事前に組み込んでおかなくてはいけない。**

理由2　ラップアップに必要なノート・テイキングができていない

ミーティング後に内容を振り返り、メンバーと共有するには、ミーティング中にノートをとることが欠かせない。

ただし、参加者の発言をそのまま書きとめるのではない。「この人が言いたいことの本質はこれだろう」「次のステップに向けて、ここが重要になりそうだ」といった気づきをまとめておくことが重要だ。

この意識を持ってノートをとっている参謀が少ないことも、ラップアップができない原因になっている。

理由3　参謀の「まとめる能力」が低い

身もふたもない言い方になってしまうが、これは事実として指摘しておきたい。

ミーティングの最中は、さまざまな方向へ議論が拡散していく。事前にシナリオを描いたとしても、思いもよらない方向へ議論が進んだり、まったく別のポイントへ話が飛んでいったりする。

したがってラップアップで使うには、拡散した内容を俯瞰し、バラバラに見える議論の内容を分類したりツリー化したりして、構造化する必要がある。「この論点とこの論点は同じくくりだな」「この論点はこの論点のサブ・イシューになる」といった視点を持ち、議論をファシリテートしつつ、ネクストステップを意識してノートに書きとめておかなければならない。

裏を返せば、この3点をクリアすることで、質の高いラップアップが可能となる。

もしラップアップミーティングをしていないならば、まずは「自分たちはなぜラップアップをしていないのか？」「それで適切にネクストステップの論点とやるべきことがチームで共有できているのか？」を考えてみてほしい。

ラップアップはメンバーのモチベーションと生産性を高める

ラップアップは、経営層とのミーティング直後にセッティングすべきだ。鮮明な記憶や温度感が残っているタイミングで、すぐにメンバーとの時間を取らなくてはいけない。

ここで確認すべき点は、次の通りだ。

- 今日の議論のポイントはどこにあるか
- 次のステップに向けた重要な論点は何か。自分たちが取りかかるべき作業は何か
- 論点をシャープに議論できるようにするためにそれを各メンバーがどう分担し、何から取りかかるか

これらについてメンバーと議論し、確認して、共有する。これで次のステップに向けて、

即座に動き出せる。

経営層のミーティングでは、あちこちに議論が飛んでいく。それを見ていたメンバーは、「これから我々はどうしたらいいのか」と頭を抱えてしまうだろう。

だが、今日の議論の本質がどこにあって、チームとして次にやるべきことが何かを明らかにすれば、メンバーの不安は払拭される。そしてネクストステップへ向けてモチベーションと生産性を高めることができる。

たった30分のミーティングが非常に大きな価値を生み出すのだ。ラップアップミーティングを習慣的にやっていない人たちは、そのことを理解できていないのだろう。

ラップアップをやるチームとやらないチームでは、最終的な成果に大きな差がつくことを知っておかねばならない。

ラップアップの成果を高めるポイント

ラップアップミーティングはただメンバーが集まればいいわけではない。ラップアップの成果を高めるためのポイントがいくつかある。

ミーティングの内容をメンバーと議論し、総括する

今日の議論の本質は何だったのか、それは次に何をすべきだということを意味しているのか。これをきちんと総括することがラップアップの意義だ。

「この論点を潰さないと先に進めそうにないな」「こんな材料を用意したら、この論点を打破できそうだ」「こんな情報や分析があれば次はもっと経営層の間で話が弾むだろう」

このように、「次のミーティングで議論をさらに前に進めるにはどうすればいいか」を理解することが必要だ。

そのためには、「今日のミーティングではこんな発言があった」という単なる情報共有で終わってはいけない。それをもとにメンバーと議論し、「あの役員の発言はこんな意味があるのではないか」「だったら次はこんな材料を示せば、議論が進むのではないか」といった意見と知恵を出し合って、「チームとして何をすれば経営層の期待に応えられるか」を共有することが大切だ。

ラップアップミーティングはただの報告の場ではなく、メンバーとの意識合わせの場であることを認識しなくてはいけない。

リーダーからの一方的な上位下達はNG

参謀がラップアップでやりがちな間違いは、上位下達で進めようとすることだ。

リーダーとして今日の議論をどう総括するかの解釈を独断で示し、「次はこれが重要なポイントになりそうです。だから次の会議までにあなたはこれをやってくださいね」と仕事を割り振って解散する。

こんな一方的なコミュニケーションでは、みんなで集まってラップアップをやる意味はない。

たとえ経験が浅い若手のメンバーであろうと、経営層のミーティングを聞いて本人が何に気づき、議論の内容をどう理解したのかを、自分の言葉で語らせなくてはいけない。

メンバーそれぞれが思っていることを共有すれば、参謀が気づかなかった視点や論点が見えてくることもある。参謀とメンバーが上下に立つのではなく、オープンかつフラットに意見を言い合うことがラップアップの肝となる。

次のステップに向けての作業手順について合意形成する

ネクストステップに向けてチームとしてはどこにプライオリティを置き、何から着手していくのか。そして、各メンバーがどのように役割分担し、どの作業から進めていくのか。

図表13　ラップアップミーティング

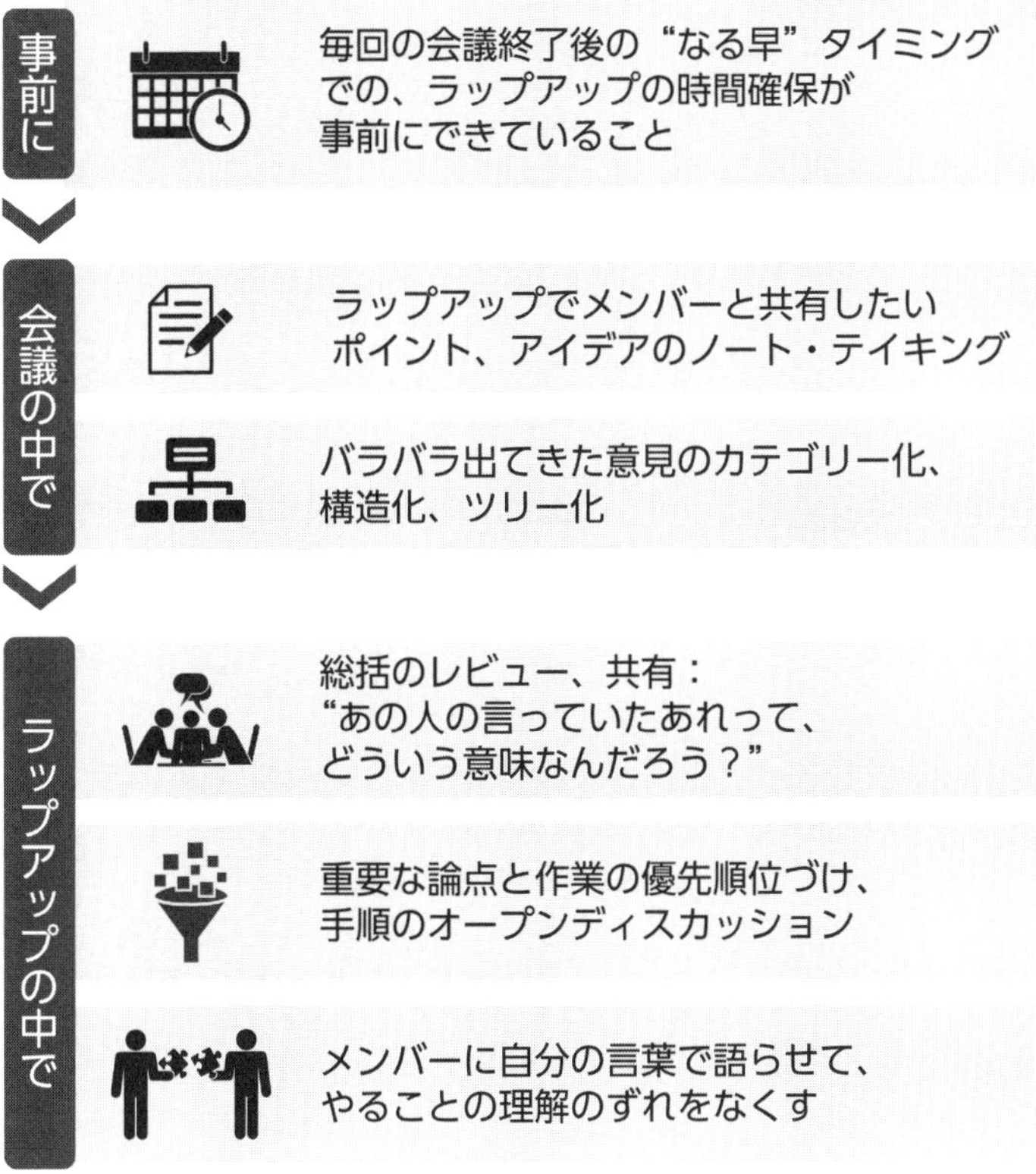

事前に
毎回の会議終了後の“なる早”タイミング
での、ラップアップの時間確保が
事前にできていること
会議の中で
ラップアップでメンバーと共有したい
ポイント、アイデアのノート・テイキング
バラバラ出てきた意見のカテゴリー化、
構造化、ツリー化
ラップアップの中で
総括のレビュー、共有：
“あの人の言っていたあれって、
どういう意味なんだろう？”
重要な論点と作業の優先順位づけ、
手順のオープンディスカッション
メンバーに自分の言葉で語らせて、
やることの理解のずれをなくす

こうした作業手順について合意形成することが、ラップアップのゴールだ。

だがこれは、その手前でメンバーに議論の内容への深い理解があってこそ可能になる。

「経営層の発言を額面通りに受け取るのではなく、こんなふうに理解すべきじゃないか」「あの役員はこう言っていたけれど、本当に言いたいのは別のことだったのではないか」

こうした解釈をメンバーがお互いに補正し合い、最終的に「結局これが重要なポイントだったのだ」という共通認識があってこそ、次に何をやるべきかの合意形成ができる。

相互の深い理解がないまま、参謀が作業について指示すると、メンバーは作業すること自体が目的になってしまう。「自分が今やっていることは、どんな論点に対して答えを出すためなのか」を理解しないまま作業をしても、目的の達成には近づけない。そして、意味のない作業に無駄な時間を費やすことになる。

ラップアップ後の作業を円滑に進めるためにも、メンバーとのオープンなコミュニケーションと意思疎通が不可欠であることを理解しなくてはいけない。

ラップアップの成果を高めるポイント

- ミーティングの内容をメンバーと議論し、総括する。「次のミーティングで議論をさらに前に進めるにはどうすればいいか」をメンバー全員が理解することが欠かせない
- リーダーからの一方的な上位下達をしてはいけない。たとえ経験が浅い若手のメンバーでも、自分の言葉で語らせなくてはいけない。こうすることで、今まで気づかなかった視点や論点が見えてくることもある
- 次のステップへ向けての作業手順について合意形成する。今回のミーティングは「結局これが重要なポイントだったのだ」という共通認識があってこそ、見当違いの作業で無駄な時間を費やすことを防げる

第6章

参謀としてのセンスに必要な能力

すでに第1章で、「経営参謀にはあらゆる局面でセンスが必要である」と述べた。また、参謀の仕事の3つの要素について解説する中でも、どのような場面でセンスが必要になるかを紹介してきた。

ここからは、この〝センス〟を発揮するためにどのような能力が必要になるのかについて、より具体的な解説を加えていく。すでにここまでの章で述べてきたものもあるが、改めて「32の能力」としてご覧いただきたい。

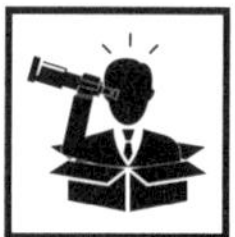

能力その1

「まだ見えていないものを見たい」という目

❶「見えていない世界」があることを認識する

何度か述べてきたが、参謀は自分の限られた経験や見聞きしたことの中だけで、物事を理解した気になってはいけない。**「自分には見えていない世界がある」という認識を持つことが、参謀の仕事における大前提となる。**

経営層や上位者は、多様な要素や複雑な問題を同時に抱えながら経営を行っているのであり、参謀よりも広い視野で物事を捉えている。したがって、経営にとって重要な論点や課題が、参謀の視野の外に存在するケースも多い。

この状況をわかりやすく図表14にチーズの絵で示してみた。

実線で描かれた丸い円が、参謀が見ている世界観だ。そして本人は、その中にあるチーズの穴に答えを出すヒントがあると思っていて、それを埋めるために一生懸命に課題や論

図表14　見えない世界があることを認める

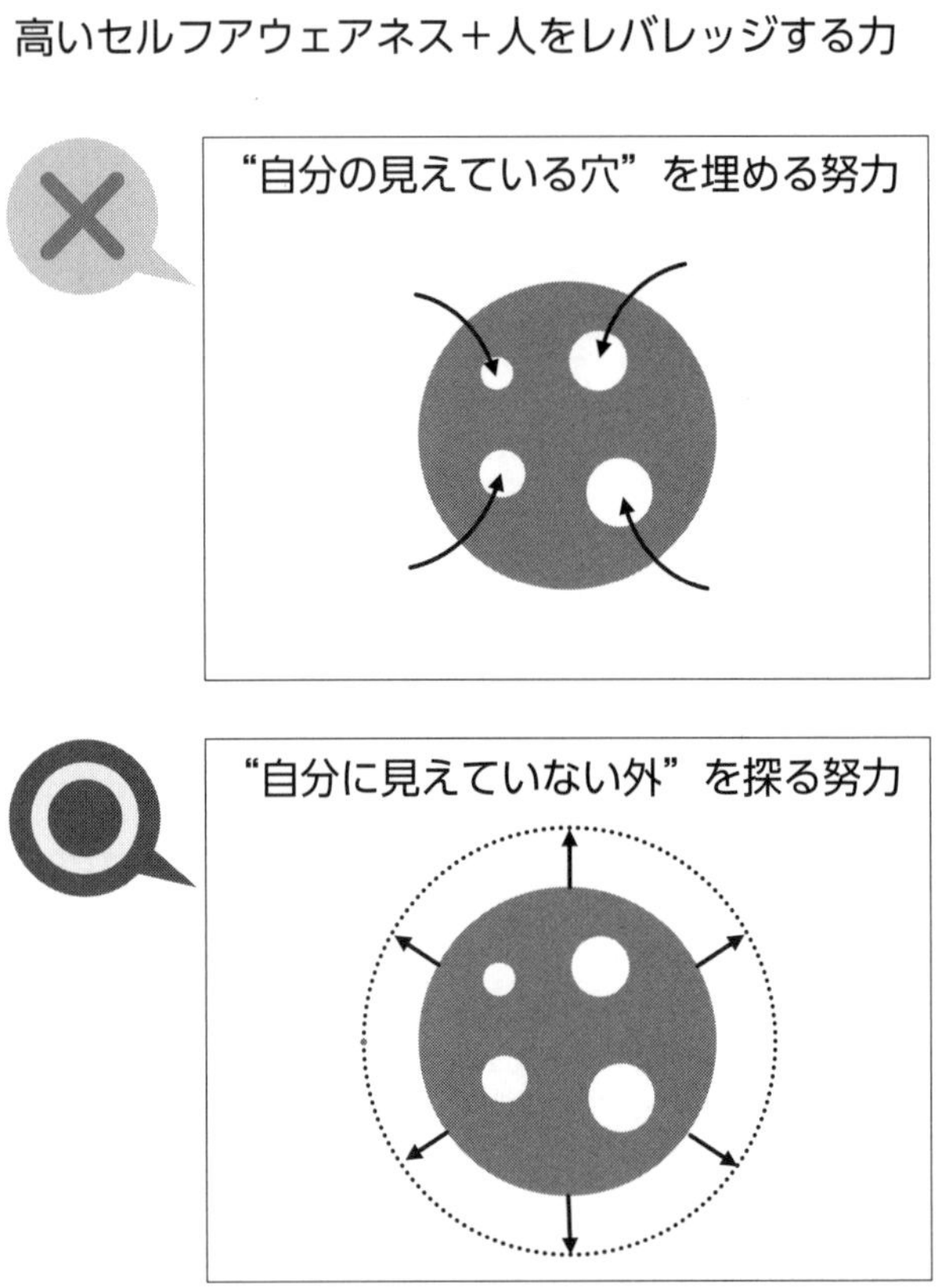

点を設定し、議論を促そうとしている。

だが本当は、図表14下の図のように、外側に示した点線の世界にこそ、重要なポイントがある。ここを探索しないと、正しい意思決定へと導くことはできない。

参謀は経営層より年齢が若かったり、企業での経験年数、顧客や他業界の人との接触が少なかったりするので、相対的に視野が狭くなること自体は致し方ない面がある。だが重要なのは、「自分が見ている世界がすべてではない」と自覚することだ。それさえわかっていれば、外の世界へ探索に出かけて、見えないものを見つけに行ける。

最も危険なのは、自分には見えていない世界を置き去りにしたり、目を伏せて見ようとしないままやり過ごしたりすることだ。特に自分は優秀だと自負している人ほど、「自分には知らないことがある」と認めるのを本能的に嫌う傾向がある。

だが参謀としてのセンスを身につけたいなら、むしろ自分が知らない世界があることを面白がり、自分に見えていないものを見つけたときに喜びを感じられる感性を持つべきだ。

自分が意思決定をサポートしているのは、見えている世界が違う、あるいはもっと新しい広い視野でものを見たいと考えている相手である。この意識を持つことが参謀には必要となる。

❷ 多彩な視点を持つ人に直接会い、見えていないものを探索する

自分には見えていない世界を探索するには、具体的に何をすべきか。

それは多彩な視点を持つ人たちと直接会って話すことだ。そのやりとりの中から重要なことや物事の本質をつかみ取ることで、自分が見えている世界を広げていける。

自分が扱っているテーマについて、先に何らかの経験をしている人に話を聞いたり、ディスカッションパートナーになってもらう。人脈が豊富な人に相談して、適切な知恵を貸してくれそうな人を紹介してもらう。新聞や雑誌の記事で面白そうな人物を見つけたら、ためらいなく連絡をとってみる。

このように、フットワークを軽くして、自分からどんどん探索に出かける機動力が必要だ。

もちろん本や資料を読んで勉強することも大事だが、やはりその道の専門家や有識者と対面し、会話することによって得られる生きた知識に勝るものはない。一人の人間があらゆることを経験できるわけではないからこそ、できるだけ深い知識を得られる相手とのネットワークを広げながら、自分の世界を囲っている円を大きくしていく努力が求められる。

❸ 新たな発見を「身内化」し、ストックする

探索から得られた新たな発見や人的ネットワークは、「身内化」することが重要である。これはつまり、自分の手の内で扱えるものとしてストックすることだ。**獲得した知見やつながりを持った人たちを緩やかにラベリングして、自分の引き出しに格納し、必要に応じてすぐ取り出せる状態にしておく。**

するとあるテーマを扱うときに、「この問題はあのときの事象に似ている」と感じたら、該当する引き出しから知見を取り出して使える。このアナロジーの感覚を磨いて、ストックを活用できるようになれば、参謀としての能力は相当に高まる。

アナロジーとは、すなわち応用力だ。同じ新聞記事を読んでも、それを単なる情報として蓄積する人と、自分が抱えている案件や周囲で起こっている現象と関連づけて、「経営課題に対して何か面白いヒントを与えてくれているのでは」と考える人がいる。もちろん応用力が高いのは後者であり、「自分が触れた情報を自社の環境や課題に当てはめて解釈し、ラベルをつけて格納する」という作業を日々試みることで、アナロジーの力はさらに高まっていく。

この間接学習的アプローチを積み重ねれば、経営者の目線に近づいていけるだろう。

❹ マクロの視点からメタ認識ができる

先が見えない不確実な時代とはいえ、いつの世にも大きなトレンドはある。世の中がどちらへ向かっていて、どれくらいのスピードや変化の度合いで動いているのか。**こうしたマクロ感への感度を磨き、メタ認識の能力を伸ばすことは大変重要である。**

例えば、日本でこのまま少子化が進んでいった場合の人口動態や年齢構成比の推移は、どの企業や業界にとっても無関係ではない。よって参謀は、自分が扱っているテーマにこの視点をどう織り込み、経営層に議論してもらうかを考える必要がある。

あるいは、デモグラフィックのようにある方向性を持ったものを、もう一段ダイナミックに捉えてみる視点も大事だ。

ミレニアル世代あるいは、その次の世代が人口の大半を占めるようになったとき、今議論しているテーマにどのような影響を及ぼすのか。例えば、サステナビリティにおける若い世代の捉え方の変化はどうこれからの意思決定に影響を与えるか。あるいは人生100年時代が到来して、これまでとは異なる価値観や生活スタイルを持つシニアが大きな層を形成するようになったら、今の議論にどう影響するのか。

こうしてメタ認識から先を読むセンスも参謀には求められる。

一方で、目の前で起こっている現象について、「実は一過性のブームではないか」と疑ってみるセンスも必要だ。

少し前に中国人旅行者の爆買いという現象があったが、これもその背景をマクロな視点から読み解けば、「ずっと続くわけではないかもしれない」と疑うことができたはずだ。中国という国の特性やマーケットの環境要因などから、仮説ではあっても今後の中国人旅行者の行動を読み解くことはできる。あるいは「中国における並行輸入の制度や関税政策に変更があったらどんな影響があるか」といった視点からも、「これが長期的に続くトレンドか否か」を見立てることができただろう。

目の前の事象を狭い範囲のミクロだけで捉えるのではなく、マクロの視点からも捉えてみる。すると自分の視座が引き上がり、見えなかった世界が見えてくるはずだ。

能力その2

仮説を出し続ける力

❺「思考の創造性と粘着性」で仮説検証のサイクルを回す

仮説とは、あくまで「仮の説」であって、必ずしも当たっているわけではない。

特に経営の課題やアジェンダは難しい問いなので、分析すれば必ず答えが出るものでもない。議論を深めた結果、想定していた仮説が正しくないと判明することも日常茶飯事だ。

ここで重要なのは、それでも仮説を出し続けることだ。

自分が想定した仮説が間違っていたとき、そこで諦めるのではなく、すぐに次の新たな仮説をどんどん打ち出す。この「思考の創造性と粘着性」が参謀には不可欠だ。

しかも新たな仮説は、単なる思いつきではなく、検証を通じて作り上げたものでなければ意味がない。

これは新サービスの開発を例にすればイメージしやすいだろう。

「この機能を搭載すれば、消費者ニーズに応えられるのではないか」と仮説を立て、テスト版を市場にリリースして、消費者の反応を試す。もし結果が良くなければ、原因を分析して検証結果を迅速にフィードバックし、それをもとに新たな仮説を立てる。

参謀が経営層に提示する仮説も同様である。

こんな問いと材料を提示すれば、経営層の議論が白熱するのではないかと仮説を立ててぶつけてみたが、外れてしまった。このような場合は外れた要因を分析し、その検証結果から「次はどの材料を仕込めば議論が活性化するか」を考え、新たな仮説を生み出す。

仮説を組み立て、検証して、ダメならまた新たな仮説を組み立てる。これが仮説検証のサイクルを回すということだ。**それを当たるまで続けられる粘り強い能力が、参謀には求められる。**

❻ ミーティングの終わりまでに次の仮説を作り上げる

前章で、重要なミーティングの直後にラップアップの場をセットすべきだと述べた。

このラップアップを意味あるものにするには、その日のミーティングが終了するまでに、リーダーが次の論点と作業アプローチについて仮説を作り上げておく必要がある。

そのためには、リーダーがミーティング中に実践すべきことが2つある。

ネクストステップを考えながら聞く「アクティブリスニング」と、仮説につながるポイントを整理する「ノート・テイキング」だ。

ここで言うアクティブリスニングとは、相手の言うことをきちんと理解するだけにとどまらず、次に何をすれば意思決定に向けて前へ進むかを、仮説的に読みながら経営層の話を聞くことだ。

時には経営層に対して質問を投げかけ、相手の反応や議論の流れを見ながら、「先にこの点に決着をつけないと、この議論は進まないな」「この点は正確な数字を示して、ファクトベースの議論を仕掛けないとダメかもしれない」といった次に向けての仮説を組み立てていく。

さらには、自分の読みや仮説をノートに書き取っていくことも重要だ。

ラップアップでノートを見せ、チームとして次に何をすべきかの叩き台として示せるレベルに仕上がれば最高である。それが難しくても、チームで議論するためのアイデアのきっかけや話し合いのヒントになるものになっていればいい。

いずれにしろリーダーは、ミーティングの終わりまでに、「次に何をすべきか」の自分なりの論点仮説と粗い作業アプローチをつくり上げ、ラップアップでメンバーに議論の発射台として提示するつもりで臨むことが重要である。

能力その3

シナリオプランニング的発想

❼ 分析に頼りすぎない。過去の分析から未来は見えない

意思決定までのプロセスを設計するには、シナリオプランニング的な発想が極めて重要となる。

しかし未来のシナリオを描くのに、単純な分析に頼りすぎてはいけない。当たり前だが、過去の分析から未来は見えないからだ。

例えばデモグラフィックは、比較的確実に先が見えるデータではある。だが時代や環境が変われば、そもそも顧客の構成単位が変わる可能性がある。

今までひとくくりにされていたグループがライフスタイルの変化によって細分化され、そのどれかが格段に重要な顧客になるかもしれない。あるいはデジタルテクノロジーによって技術に必要な投資コストが変わり、過去の延長線上にはないまったく新しいコスト構造を前提としたビジネスモデルが実現するかもしれない。そうなれば、何が競争優位性を決めるキーファクターになるかも変わるだろうし、誰を競合と見なすかも変わってくる。

したがって、現在の競争環境や競合企業を前提に自社の未来のポジションを考えると、誤った見立てをすることになりかねない。過去や現在の分析から未来を予測しようとするのは無理があるのだ。

だが、分析そのものがまったく意味をなさないわけではない。過去の延長線上に未来は置けないとしても、未来につながる変化がすでに起こっている可能性は十分ある。

したがって「今は非常に小さい変化だが、これが将来大きく変わったら、今までの前提条件が崩れるかもしれない」という要素を見つけ、その要因や背景にあるものを読み解くことが非常に重要だ。**こうした特異点や小さな変化の兆しを見出す能力が、シナリオを描く力を高めてくれる。**

❽ 究極のダウンサイドとアップサイドの両極の見立てができる

我々のこれからの未来には、事業環境を一変させるディスラプティブな世界が待ち受けている可能性が高い。これまでの常識や価値観を破壊するほどの転換が、起こってもおかしくないだろう。

この場合、平均的なシナリオだけを描いて戦略を考えることのリスクは極めて大きい。**何らかの要因により、ある方向へ振り切った未来が訪れる可能性がある以上、それを読み込んでおく必要がある。**

よって、「本当にここまでのことがあるのか」というレベルのダウンサイドと、バラ色で夢のような未来としてのアップサイドと、両極に振り切ったシナリオを描いておかなければいけない。さらには、この2つを分けるファクターが何かも見立てておくべきだ。

この両極のシナリオを想定しておくことは、自社としてメインシナリオを設定するためにも不可欠だ。「我々はここまでのダウンサイドは覚悟すべきだ」というラインを共有し、経営層が議論するための土俵を揃えた上で、「それを織り込んでも我々が選ぶ道はこれ」といった議論をしなければ、最善と考える意思決定をすることはできない。

どちらに振れるかわからないことを前提としてシナリオを考え模索し、その上でどう意思決定するかを迫る力が、現代の参謀には必須と言える。

❾ トレードオフを跳躍できる

難しい意思決定には、必ずトレードオフが伴う。そこで一方を追求し、一方は捨てるという選択をしてしまったら、会社や事業のユニークネスや持続的な競争優位は生まれない。

ここで参謀に求められるのは、トレードオフを跳躍できるような議論を促すことだ。例えば、企業に対してESGへの取り組みが社会からますます強く求められるようになっている。だが、社会的責任を果たす代わりに、事業のコストが増大して利益が減少したら、株主からの理解は得られないし、会社としての競争力も失うことになる。**こうした難度の高いトレードオフは、もう一段高い次元に経営課題を設定することが必要だ。**

この場合なら、「環境に配慮することで、むしろコスト競争力を高めることはできないか」「社会的責任を果たすことで、消費者や社会に信頼されるコーポレートブランド力を生み出し、それで新たな事業機会を創出できないか」といったトレードオフを跳躍する課題設定が必要である。

同様に、「サービスのパーソナライズ化を進めたいが、コスト高になって利益が出ない」といったケースはよくある。従来のバリューチェーンやビジネスモデルを前提とすれば、確かにその通りだろう。

だが高次のレベルで経営課題をセットできれば、話は違ってくる。「パーソナライズ化と同時にサブスクリプション化して、長期契約のもとで顧客へ定期的に商品を届ける形にすれば、物流コストや在庫コストを最適化できるのではないか」

「販売量の需要予測が可能になり受注生産に近いモデルが組めるなら生産方式を革新でき、生産コストも下がるのではないか」

「長期契約で顧客数を積み上げていくモデルなら、マーケティングや営業コストの概念やROIもまったく違うものにできるのではないか」

こうした高い次元の課題を設定し、経営層の意思決定を促せば、トレードオフとして処理しがちな難しい問いも乗り越えられるはずだ。

そのためには、トレードオフを跳躍できるようなアイデアや切り口を見出す発想や、思考のレベルを一段引き上げて高次の課題を設定できる能力が求められる。自分自身でアイデアを出すことは難しくても、各領域のエキスパートの能力を活用して、経営層の議論の中でこうした発想に導いていけるような問いかけや材料を提示することが必要だ。

⑩ 二の矢、三の矢を考えられる

不確実性の高い時代には、いったん意思決定したことがうまくいかない場合も多々ある。むしろ今は当たらない確率がかなり高いことを前提として、ダメだとわかったらすぐ次の手を打てるように、二の矢、三の矢を想定しておくべきだ。

そのためには、「もしこうなったらどうする?」というよく言われる"What if"の思

考を繰り返して、複数のシナリオを描いておかねばならない。たとえるなら、「風が吹けば桶屋が儲かる」のような〝たられば〟を、さまざまなパターンで想定しておくということだ。

先ほど、ダウンサイドとアップサイドの両極のシナリオを描くべきだと述べたが、実際には平均的なシナリオを一本線で描く人が多い。

ダウンサイドを描くのが苦手な人は、「起こりそうもないリスクについて議論するのは時間の無駄」と考えたり、「最悪を想定すると経営層に迷いが生まれて意思決定が難しくなる」という意識から、これを敬遠する傾向がある。

一方で、夢のようなアップサイドを見立てること自体は得意な人が多い。だが実際は、売り上げや顧客数などのパラメーターをいじっただけだったり、無理スジのロジックを組み立てて必要以上に高いラインを置いただけだったりする。

だが本当に夢のあるシナリオとは、もっとクリエイティブなものだ。

例えば、ある商品が現在はごく少数の消費者にしか売れていないとする。しかし、この一群がその商品を熱烈に支持している。一体どういう人たちなのだろうかと興味を持ち、自分の外の世界に探索に出かけて、その一群が育ってきた環境や価値観が生まれた背景にまでどんどん踏み込んで見に行ったとしよう。

すると、表面的には非常に特異なマイノリティの集団だと思っていた人たちが、実は一般の人にも響くかもしれない理由から、この商品を支持していたことが判明したりする。自分とはまったく異なるタイプの人たちだと思っていたのが、「こんな理由を持つ人たちは他にもいるはずだから、やりようによっては広げられるな。そうなったらこの商品を買いたくなる人の数がどこかでブレイクしても不思議はないな」と思えるかもしれない。

こうした発想こそが、夢のあるシナリオにつながる。目の前の事象は、たまたま局所的に起こったことなのか。それとも、裏側にある要因や構造を読み解いていくと、より大きな現象の一角だったり、将来に向けた変化の予兆だったりするのではないか。こうして物事のバックグラウンドを深掘りしていける人でなければ、アップサイドの見立ては難しい。

いずれにせよ、シナリオが1つしかないのは危険すぎる。「一度ではうまくいかないのが普通」というくらいの意識を持ち、常に二の矢、三の矢まで用意しておきたい。

⓫ 可能性の筋としての仮説を誰よりもたくさん作れる「想像力」と「創造力」

仮説はたくさん作れた方がいい。1つの仮説が間違っていたときに、「次の可能性があるのはこれだ」という筋を出し続けることができれば、意思決定に向けて議論が前に進む歩みが止まることはない。

高いレベルのビジネスセンスとは、クリエイティビティやイマジネーションの力である。

そしてこれらの能力は、昔とは比較にならないくらい重要性が増している。

不確実な時代に意思決定するには、先が見えないながらも見通しを立てて、可能性の筋を見出さなければならない。しかも、それを単なる直感ではなく、経営層が理解できるシナリオとして提示する必要がある。

前述の通り、一本線ではなく幅のあるシナリオを想定した上で、「自社としてはここからここまでの間で意思決定しましょう」と経営層をサポートする能力が参謀には不可欠なのだ。

過去の延長線上で描いた一本線のシナリオの場合、これまで仮説が当たる確率が2割だとしたら、残り8割は外れる前提で経営をしなければいけない。

だが、「当たった2割はどのような要因が働いたのだろうか」「この確率を高めるレバーになるものはないのか」「あるとしたら自分たちには何ができるか」というイマジネーションとクリエイティビティを働かせれば、当たる確率を4割や5割に高めるシナリオが描けるかもしれない。

そうなればシナリオの幅は広がり、経営における意思決定の質も高まる。「想像力」と「創造力」の両方が、現代の参謀には不可欠である。

⑫ 他人の頭を使うことがうまい。マイノリティの視点に敏感

仮説をたくさん作ると述べたが、自分一人の頭だけで可能性の筋を広げるには限界がある。そこで、他人の頭をうまく使うことが必要となる。

ここで大事なのは、なるべく自分とは違うタイプや異なるバックグラウンドを持つ人に話を聞くことだ。自分が男性なら女性に、ベテランなら若者に、事務方なら技術者やデザイナーにと、できるだけ異質な相手の頭を使って欲しい。こうしたダイバーシティが、自分の視野を広げてくれたり、思ってもみなかった視点をもたらしたりしてくれる。

自分と相容れない価値観を持つ人や、共通点のない人の話は、「よくわからない」と思って簡単に切り捨ててしまいがちだ。だが「一見するとわからないことをどう解釈するか」を考えるからこそ、貴重な宝物に出合える。

もちろんすべてを拾う必要はないし、本当に何の意味もなかったということも山ほどあるが、「異質な人の意見や考えを拾わないリスク」は思っている以上に大きいことを知っておくべきである。

実際のところ、少数意見やマイノリティの視点にこそ、大きなヒントが潜むケースは多い。だから参謀は、こうした自分と距離の遠い人や声の小さい人の発言を敏感に拾い上げ

なくてはいけない。

多様なバックグラウンドの相手に対して広く耳を傾ける姿勢とオープンマインドも、参謀が備えるべき大事な能力である。

能力その4

はっとさせることへの意欲

⓭「きれいな整理にとどまっていないか？」を意識する

何度か繰り返してきたが、コンテンツにしてもファシリテーションにしても、経営層の発言や揃えた材料をただきれいに整理するだけが参謀に求められるスキルではない。経営層に新たな視点を突きつけ、頭を刺激し、はっとさせる。それが参謀に必要な能力である。

難しい経営課題に立ち向かうとき、今までの経験をベースに議論するだけでは、あるべき答えにたどり着かない。**過去に頼って答えを出したがる経営層に待ったをかけて、その危うさや誤った議論へ陥りかけていたことを気づかせるから、経営層ははっとするのである。**

ドキュメンテーションであれば、経営層が読んだときに「これは違うよ」「それはおかしいのでは」という文句や反論を言いたくなるものを仕込んでおく。その引っかかりを手掛かりに議論を深めれば、本当に重要な論点が見えてくる。

経営層から「その通りだね」「いいんじゃないの」という反応で終わるようなドキュメンテーションからは意味のある議論は生まれない。

⓮ 説明資料は「何を勝ち取りたいか」の目的によって変える

説明資料を作るとき、大事なのは出来の良し悪しではない。ミーティングの目的を果たすために役立つ資料であることが最重要となる。

したがって「そのミーティングで何を勝ち取りたいか」によって、ドキュメンテーションの体裁やまとめ方を変えなくてはいけない。スライドのトーンも同様だ。

前章でも述べた通り、ミーティングの価値は、その前後でどれだけデルタの大きさを生み出せたかで決まる。

どれだけ参加者の理解が深まり、論点の設定がクリアになり、ネクストステップでやるべきことが明確になったか。その変化の度合いが大きいほど、説明資料やスライドが価値を生み出したと言える。

⑮ 平均点より一点豪華主義を目指す

入れるべきことを網羅していて、すべての要素が平均的に含まれている。こんな資料は一見すると良さそうに思えるが、経営層としてはそれ以上突っ込みようがないし、質問したいことも見つからない。

これでは資料としての価値はない。

ドキュメンテーションにおいて大事なのは、仮説的な視点が含まれていることだ。参謀が重要だと考える論点や、この点について経営層に切り込むべきだと思ったポイントに絞って、材料を突きつける。

つまり、資料は一点豪華主義を目指せということだ。それが活発な議論を誘発し、実りの多いミーティングにするための秘訣である。

⑯ 予定調和に陥らない。何度でも壊して、作り直す

議論が予定調和で進むことのリスクはたびたび述べてきた。むしろ参謀は、意思決定までのプロセスを何度でも壊すつもりで臨まなければいけない。

経営層から異論・反論をうまく吐き出させて、論点が違っていると感じたら、思い切っ

て設定を変える。用意した材料が経営層に響かなかったら、アプローチそのものを変える。段取りがうまくいっていないと感じたら、個別のミーティングを急遽差し込む。

このように、いったん作ったものを大胆に壊して、作り直すことを恐れてはいけない。**むしろ壊すことは進化につながるのだと考え、毎日やり続けることが必要だ。**

⑰ 土俵を合わせて、流れを読む

議論をスタートする際は、まず土俵を合わせる。これは参謀の役目だ。どのような情報・経験・視点などを前提条件とするか。これを示した上で、参加者全員に確認してから議論に入らなくてはいけない。これを怠ると、不毛な意見のぶつけ合いになったり、各自が思いついたことをただ言い合うだけの場で終わってしまう。

議論の流れを読み、モードを変えるタイミングを見極めるのも、参謀の重要な能力だ。**どんな状況になったら、経営層に意思決定を迫るべく一気に畳みかけるか。「ここで決めにいく」というタイミングを見逃してはいけない。**

もし議論が堂々巡りに入ってしまったら、その流れを断ち切るのも参謀の役目だ。「このままでは議論が前に進まないので、世の中の事例からの示唆を学びに行きませんか」「一度パイロット的にテストして、その結果を踏まえて最終的な意思決定をするのはどうでしょうか」などと新たな切り口を提示し、前に進む議論に持っていくための道筋をつける。

流れを読んでタイムリーにこうした手を打ち、意思決定に導くのが参謀の手腕である。

能力その5

オーナーシップ

⑱ 自分ごと化する

オーナーシップとは、一言で表せば「自分ごと化」だ。「自分だったら」と考えられる能力は、参謀にとって非常に重要となる。

たとえ意思決定するのは経営層でも、「自分だったらどうするか」「自分だったらこの決定を背負ってやり遂げられるか」と自分自身に問いかけてみる。**つまり、意思決定することに対して経営層が負う責任を、擬似的にみずからへ向けてみるのだ。**

参謀として経営層に、「トップとして決めたことをちゃんとやってください」と言うのは簡単だ。だが自分ごととして考えると、「それでこの組織が動かせるのか」「実際はここでつまずくのではないか」といった引っかかりを感じることは多い。

その場合は、議論の過程でその引っかかりを論点とし、潰しておかねばならない。他人ごとのままでは見えてこないものが、自分ごと化すれば見えてくるのである。

⑲ 客観より主観。「自分が社長だったら」と憑依できる

物事を自分ごと化するには、客観より主観で考えることが必要だ。**「自分が社長だったら」と本気で想像し、その立場に憑依する。これが「主観で考える」ということだ。**

例えば構造改革をテーマとしたときに、人員整理が議論の目玉になるとする。このとき、「責任者が自分だったら」と考えるかどうかで、経営層に突きつけるものの本気度が変わる。

M&Aにおいても同様だが、「これを決めたら、やるのは自分なのだ」と追い詰められる感覚を自分に課してそのために潰しておくべき論点を提示し、経営層に迫っていかないと、意思決定したことを実現できずに失敗に終わるリスクが高まる。当事者意識を持って決めたことでなければ、実行段階で責任者が動こうとはしないからだ。そして「上ができもしない計画を無理やり決めたから失敗したのだ」という言い訳が社内に蔓延する。

主観で考えるからこそ、意思決定の前にクリアにすべきことが明確になり、論点を磨き込むレベルも上がっていく。**参謀が圧倒的な当事者意識を持つことが、意思決定の質を高**

めるのだと心得たい。

⑳ 自分自身の動機づけがうまい

自分自身の動機づけがうまい参謀は、動機づけが弱い参謀と比べて、アウトプットの質がはるかに高い。目の前の仕事にやりがいを感じられるかどうかで、テーマへの関心の強さや物事を捉える目線の広さ・視点の深さが違ってくるからだ。

自分を動機づけするとは、「ワクワクする、面白い、しびれる」といった感情が沸き起こることだ。

動機づけのポイントは何でもいい。「これは実現できたら自分にとっても大きな勲章になる」という期待感かもしれないし、「これで会社の将来を救える」あるいは、「お客様に対して新たな価値を提供できるようになる」という企業愛、顧客愛かもしれないし、「この事業が成功したら世の中の課題を解決できる」という社会への使命感かもしれない。いずれにせよ、こうした感覚を自発的に持てる人は、どんなテーマでも前向きにチャレンジできるだろう。

㉑「前例踏襲では気持ち悪い」という感覚を持つ

前例踏襲をよしとすると、目の前のことは他人ごとになる。「前回と同じことを、前回よりうまくやればいい」というゴールセットに陥ってしまうからだ。そして、過去に誰かがやったことをベースに仕事を進めようとする。

だが、過去の延長線上に未来は描けない可能性が高まっているのだから、前回と同じテーマであっても、新しい視点や切り口がないかを模索し、今までには見えなかった、あるいは実現が難しいと諦めていた課題にチャレンジし、新たな付加価値を創り上げようとする意識を持つべきだ。

このパイオニア精神も、自分ごと化することができて初めて持てるものだ。

能力その6

人の心の動きを読む

㉒ 相手の特性に合わせて人を動機づけするのがうまい

先ほど自分自身の動機づけについて述べたが、一方で参謀は、人を動機づけするのもうまくなくてはいけない。チームメンバーや上司、時には経営層やトップまで含めて、周囲を動機づけできるのが優秀な参謀である。

この動機づけは、技術として習得可能なものだ。その人の価値観や何を言えば響くのかを見立てて、やる気にさせるための戦略を組み立てる。

対メンバーなら、「褒めて伸びるタイプか、叱って伸びるタイプか」を見極めたり、先に手本を見せて本人が納得した上でやらせた方がいいのか、まずは好きにやらせてみた方が前のめりになってくれるのかなどを判断したりする。経営層に対しても、ポジティブにうまく乗せた方が物事が前に進むのか、ホラーストーリーやわざと怒らせるような問いを突きつけた方が火がつくのか、といった特性をテーマごとに試しながら見抜かなくてはいけない。

相手や状況、あるいはテーマに合った動機づけをしながら、アウトプットの質やスピード、最終的な成果を最大化することが、参謀としての重要な能力となる。

㉓「I care you」を伝えて、同じ船に乗っている感覚を共有する

チームメンバーに対しては、「あなたをいつも気にかけているよ」というメッセージを伝えることも大事だ。

その人にどんな期待をしているか、チームが一緒になって仕事をやり切ることが本人にとってどんな意味を持つのか。これらを感謝の気持ちとともに、伝え続けなくてはいけない。

「我々は同じ船を漕いでいる同志なのだ」という感覚をメンバーが持つことは、その人の動機づけにもつながる。

こうして人をモチベートできる参謀は、人を使うのもうまい。人の心の動きを読み、相手に響くコミュニケーションができることは、周囲を動かすための基本能力だ。

㉔ 傾聴力が高い

傾聴力とは、相手の言葉の真意を探る力だ。経営層に言われるまま、何も口を挟まずじっと聞くことではない。

適切なタイミングで質問を投げかけて、相手も明確に意識していない意識の水面下に潜んだ潜在的な課題やニーズ、願望などを掘り起こす。表層の理解にとどまらず、水面下に埋もれた氷山の塊に光を当てて相手にその存在を気づかせる。

これが参謀に求められるアクティブな傾聴力である。

よく「一を聞いて十を知る」と言うが、これは言った相手も聞いた自分も最初の時点では気づかなかったことを、質問によって掘り下げ、仮説的に理解することだ。

傾聴力とは、極めてクリエイティブな能力であることを知っておかねばならない。

㉕ 相手を怒らせることを恐れない

経営層の発言に対して素朴な質問を投げかけると、時に、瞬間的に相手がムッとしたり、嫌な顔をしたりすることがある。

だが参謀は、そのリスクを恐れてはいけない。

そもそも質問の投げかけ方を工夫すれば、相手を激昂させるような事態にはならない。

相手の思考や感情の流れを読み、適切な問いかけをすれば、相手をただ怒らせるのではなく、はっとさせることができる。

避けるべきなのは、横柄な質問の突きつけ方をすることだ。

「おっしゃっておられることはロジックが通ってなくて、意味がわからないのですが？」

「なぜここまで議論をつくしてきたのに、皆さんはいつまで経っても決められないのですか？」

参謀がこんな尊大な言い方をすれば、相手は反発するだけだ。意思決定に向けて動機づけされたり、モチベートされることはまずない。

質問を突きつけるとは、「自分は批判されている」「意見を押し付けられている」という感情に陥らせることではない。それを聞いてドキッとしたり、グサッときたりするような気づきを生み出すことだと理解すべきである。

㉖ 自分中心の押しつけがましさを戒める

人を動機づけるために、相手の心の動きを読む。これはいわばカスタマーロジックだ。

一方で、「自分を優秀に見せたい」「周囲から評価されたい」といった自分の気持ちが無意識に前面に出てしまう参謀も多い。こちらはサプライヤーロジックであり、この押し付けがましさを戒めることが参謀には必要だ。

「自分を良く見せたい」という思いは、隠そうとしても経営層には案外簡単に見抜かれる。そして逆に「浅いやつだな」と思われてしまう。

経営層の信頼を得たいなら、自分中心ではなく、まず相手の心を深く理解しようとする姿勢を貫かなければならない。

㉗ まるっと飲み込める

経営層から無理難題が降ってくることは山ほどある。

両立するはずがない2つのことを同時にやれとか、どう考えても実現不可能な短い時間の中で物事を決めたいといった、理不尽なオーダーが飛んでくることもしょっちゅうだ。

だがそこで、「無理です」とバッサリ切り捨てたり、了承したふりをして面従腹背の行動をとったりすべきではない。**なぜなら、その無理難題には経営の目線から見たときに極めて重要な真理が含まれている可能性があるからだ。**

だから参謀は、「それが重要なのであれば、いったん検討させてください」と言って、無理難題をまるっと飲み込んでしまうことが必要なときもある。

ただし、そのまま立ち去ってはいけない。経営層に質問して、次の作戦を組み立てるのに不可欠な情報を入手する必要がある。

「なぜこんな理不尽な要求をするのか」の真意を探り、オーダーを受けるとしたら何を優先して検討すべきかを考えて、可能ならば「次の論点はどこにありそうか」の仮説まで提示できればベストだ。そして「では、次回はこの論点について議論させていただきたい」と、経営層の合意を得てから会話を締める。

つまり飲み込むとはいっても、次の段階で切り返せるような引き取り方をしなければならないということだ。

一方で、深く考えもせず、経営層が言うことを何でも引き受けてしまうのも問題だ。この場合は、参謀が自分に何をオーダーされているのかを理解できていないことに原因がある。

したがってこちらの場合も、経営層に適切な質問をして、相手の真意を明らかにすることが不可欠となる。無理難題を要求されたときこそ、経営層の言葉の裏にある本質的な意味を丁寧に理解するところから始めなくてはいけない。

能力その7

変化を恐れない。宙ぶらりんな状態に耐えられる

㉘ 思い切って見切りや損切りができる

今まで議論を続けてきたが、このまま推し進めてもきっと答えは出ないだろう。いくつかの論点を立てて議論してきたが、現時点で意思決定に必要なものだけにフォーカスした方が良さそうだ。

そう思ったら、それまで積み上げた作業やアプローチをバッサリ捨てることも必要だ。

あるいは、議論が堂々巡りになっている要因が、自社ではコントロールできない環境にあるとわかったとする。であれば、その環境が変わるまで意思決定はせず、議論をいったん棚上げにする決断も求められる。

このように思い切って見切りや損切りができるのも、参謀の能力だ。

「せっかくここまで積み上げてきたのに」と過去に固執せず、意思決定のために本当に必

要なプロセスにだけ絞り込めるのが優れた参謀である。

㉙ 先入観や思い込みを捨てられる

先入観や思い込みで判断したり、物事を進めようとしていないか。この第三者的な視点を参謀は持たなければいけない。

現在は、デジタルやバイオテクノロジーに代表される技術革新が、経営のテーマそのものや、テーマにおける議論のスコープや論点設定を大きく変える時代だ。過去の経験や前提条件が無意識に入り込むことで、経営層を間違った意思決定へ導いたり、意思決定ができない状況に追い込むリスクがある。

何度か述べてきたように、今は過去の延長線上には未来を設定できない時代である。そのことを常に意識し、先入観や思い込みを捨てられる参謀でありたい。

㉚ アンカンフォタブルな状況を受け止められる

会社や自分の成功体験、慣れ親しんだ業界や競合を前提とした議論はわかりやすいので、ついそちらの方向へ流れがちだ。だが、こうしたコンフォートゾーンに本当の答えはない。

何が重要な論点なのかも定まらない中で、参謀が手を替え品を替えて質問や材料を突きつけ、時には禅問答のようなやりとりをしながら、経営層の議論をリードしていくことでしか、意味のある答えにはたどり着けない。

これは実際のところ、なかなかしんどい舵取りだ。何をどう進めればいいかがクリアに描けない中、手探りで進んでいくのは不安なものだ。だが参謀には、このアンカンフォタブルな状況を受け止め、そこに身を置き続ける精神力がなくてはならない。

これには粘り強さと同時に、良い意味での鈍感さが必要となる。「物事はどこかで決まるものだ」という開き直りに近い明るさがあれば、アンカンフォタブルな状況にも耐えられる。

また、自分と異なる価値観や少数意見に出合うと居心地の悪さを感じる人が多いが、視点の多様性やアウトサイダーを取り込むことは、議論の密度や意思決定の質を高めるために極めて重要だ。自分に似たタイプばかりで周囲を固めてコンフォートゾーンに浸かるのではなく、ダイバーシティを自分の中に取り入れる受容性の高さが参謀には求められる。

㉛ 変化を面白いと捉える感受性を持つ

変化を嫌う人は、実はかなり多い。特に今いる世界の中でポジションを築き上げ、価値ある知見を積み上げてきた人ほど、その環境や前提条件が変わることに不安を覚える。

確かに変化が訪れれば、自分への評価が変質したり、市場価値や周囲からの尊敬を失うリスクがあるかもしれない。だがそれ以上に、新しい経験ができることを面白がったり、環境が変わることで自社にすごいイノベーションをもたらす可能性を発見したりと、今までにない喜びやワクワク感が得られる機会も多いはずだ。

変化を自分にとっての新たなチャレンジと捉え、前向きに受け入れる感受性を参謀が持ち、組織を導いていくこと。これが今の時代に果たすべき参謀の重要な役割である。

㉜ アントレプレナーシップを持つ

経営参謀とは、企業の将来を支える心臓部となる人たちだ。

経営層が新たな時代を切り開くための一歩を踏み出すことに貢献できたという喜びや達成感、やりがいは、何物にも代えがたい。

「自分こそが経営をリードしていくのだ」という意識は、すなわちアントレプレナーシップであり、パイオニア精神である。**経営層も経験したことがない次元の意思決定が迫られる時代において、参謀は単に仕事をまとめる人ではなく、アジェンダの設定と意思決定に自発的に関わるアクティビストであらねばならない。**

参謀として経営層と対峙すると、つらい思いをすることも多々ある。なぜこれほど朝令

図表15　参謀としてのセンスに必要な7つの能力

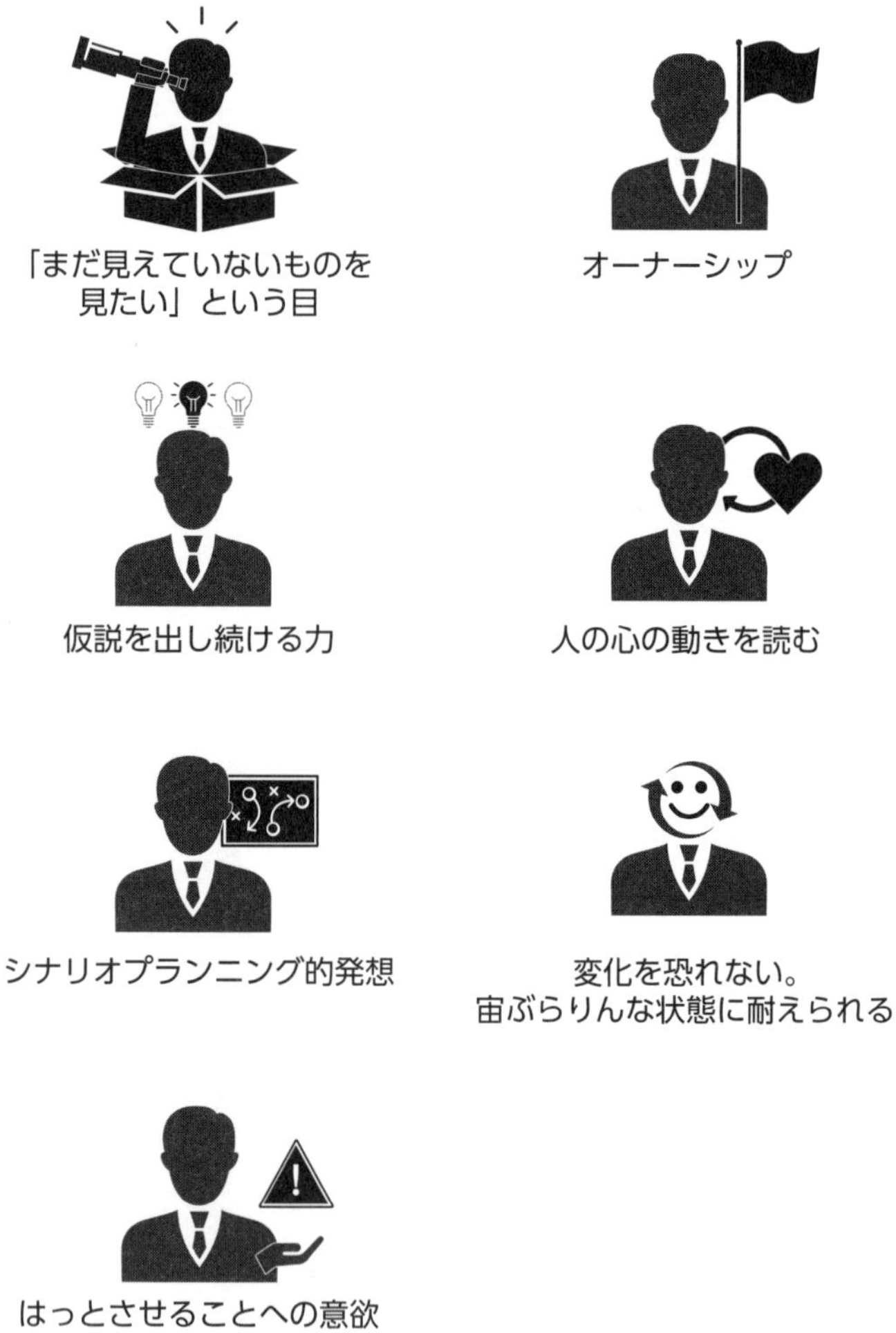

暮改が続くのか、なぜ最後の最後になってちゃぶ台をひっくり返すのか。こうした恨みつらみを口にしたくなることもあるだろう。

だがそれは、まだ経営が他人ごとである証しかもしれない。それが自分ごとになれば、経営層が何に悩み、葛藤しているかを、深く理解しようとする視点が生まれる。そして「自分が社長だったら」という覚悟を持って意思決定に関わり、時には経営層を怒らせることも承知で本質に迫れるようになる。そうなれば、「決めるのは社長なのだから、ちゃんと考えてくれよ」などという他人ごとの発想にはならないだろう。

自分ごととして経営に関わる覚悟を持てるか。それこそが、最終的に参謀が問われる能力なのである。

第7章
明日からでもできるトレーニング

参謀としてのセンスを伸ばすには、「自走力」を身につけることだ。

日々何を繰り返せば、仕事に必要な能力がみずからにビルトインされるのか。自分なりの方法を知って、やり続けるしかない。

第7章では、センスを伸ばすために明日からでもできるトレーニングを紹介する。

トレーニング1

まずは自分なりの学び方のパターンを習得する

❶ 仕事の切れ目で振り返ってリバースエンジニアリングする

参謀としての能力を高めるには、日々の仕事の経験からどう学ぶかがカギとなる。**つまり、自分がやってきたことをリバースエンジニアリングすることが重要だ。**

1つのプロジェクトが終わったタイミングや、重要な納期やフェーズを乗り越えた区切りなど、仕事の切れ目ごとに振り返りをするといい。

その際のポイントがいくつかある。

「もう一度同じプロジェクトをやるとしたら」と考えてみる

仕事をひと通り終えた時点で、改めて「もう一度同じことをスタートからやり直すとしたら、どんなやり方をするか」を考えてみる。**何をどう変えたらもっと質が高く、効率的**

な仕事の回し方ができたかを検証するのである。

どのような論点を設定し、どこにマイルストーンを置き、どの時点でどういったアウトプットを出すべきだったか。誰といつ何を議論し、どのタイミングで相談をしておけばよかったか。チーム体制の組み方やメンバーの使い方はこれでよかったのか。

こうして一連のプロセスを後知恵的に再設計してみる。そして、実際に通ってきた道とやり直す場合に通る道とのビフォー・アフターの差を理解し、そこから学びを得る。

これを繰り返すことが、生きた最良のトレーニングとなる。

同じパスしか描けないなら、「成長できていない」と自己評価する

もし自分がやってきたのと同じ道しか描けないなら、ここまでのプロセスから何も学んでいないということだ。そして自分が成長できていないことを思い知るべきである。

自分なりに最良のシナリオを描いて仕事を回してきたつもりでも、振り返ってみれば何らかの反省が必ずあるものだ。「もっと早いタイミングで経営層とのミーティングをセットすべきだったな」「この役員と事前にディスカッションしてから、経営層に持っていくべきだった」といった違うパスが描ければ、それは学びとなる。

だが、それが1つも出てこないなら、「自分は学ぶ能力が低い」と自戒すべきだ。

一方で、違うパスを描くことができて、「次はこのやり方なら、仕事のスピードや質が上がるだろう」と実感できたら、自分は成長できたと自信を持っていい。

もう一度同じテーマを扱うなら、どうすれば今回よりも高い生産性やアウトプットを実現できるのか。この成功パターンを頭の中でイメージできる人は、学ぶ力が高いと評価できる。

まずは自分で考え抜く

振り返りをするときは、まずは自分自身で考え抜くことが必要だ。いきなり誰かに「自分はどうすればよかったのでしょうか」と聞くのではなく、自分の頭で徹底して考えてみる。

学びの質を高めるにはこれが欠かせない。

人からフィードバックをもらうとしたら、そのあとだ。自分なりに「次はこうしてみよう」とパスを描けたら、上司やシニアな立場の人に意見を聞いてみるといい。

自分が考えたものとは違うパスを提示してくれるかもしれないが、だからといって「自分の考えは間違っていたのか」と思わなくていい。**このフィードバックはどちらが正しいかを判断するためではなく、「こんな視点もあるのか」とものの見方を広げるために使え**

ばいい。

こうして多様な視点を身につけていけば、振り返りの際もさまざまなパスを描けるようになる。

❷ 失敗からの学びを、次に試してみる

リバースエンジニアリングにおいては、特に失敗した経験や痛い目を見た経験からどう学ぶかが非常に重要となる。

そこで感じた悔しさや忸怩（じくじ）たる思いがあってこそ、「次はもっとうまくやるぞ」という成長意欲が生まれる。よって振り返りをする際は、悔しがるポイントを増やした方がいい。

さらに、その学びを実際に試すことが重要だ。次に経営層を意思決定に導く機会が来たら、学んだことをいろいろとやってみる。そして仕事のスピードや質が本当に上がったかをまた振り返り、検証する。この学びのサイクルを回し続けなくてはいけない。

❸ 当事者意識を持って、経験を活かす

経験からの学びを活かすには、圧倒的な当事者意識を持つことが重要だ。

他人ごとのままでは、「あのときに経営層がこうしてくれなかったから失敗したのだ」

と誰かに責任を押しつけて終わってしまう。これでは学びを得られない。

参謀とは、経営層の意思決定に相当の影響を与えられるポジションだ。ある意味で非常に怖い仕事をしていると思った方がいい。

だからこそ当事者意識を持って、「自分自身が変われば、会社も変わる」と考える。それが経験を活かし、自分を成長させていくためには重要だ。

❹ 間接学習でアナロジーを鍛える

間接学習とは、すなわちアナロジーの力を養うことだ。仕事の経験から直接学ぶだけでなく、それ以外のことからも役立つ要素を見出して、学びにする。

参謀に実践してほしい間接学習は、主に2つある。

他人の行動から学ぶ

「人のふり見て我がふり直せ」というように、人の行動を自分に置き換えて学びを得ることは重要である。

一緒に仕事をしている人や自分の上司たちの行動を見ていて、「こうすればうまくいくのか」とお手本にできることもあれば、「こうすると失敗するのか」と反面教師になることもある。

良い面も悪い面も含めて人から学び、「もし自分が同じ立場や場面を経験したらどうするか」と読み替えるクセをつけるといい。

周囲の人たちの行動を自身の擬似的な体験として学びにできれば、成長のスピードは圧倒的に速くなる。

ニュースや情報から学ぶ

気になるニュースや面白いと思った報道があったら、そこから自分の仕事や自社にとっての意味に解釈し直し、示唆を見出してみる。これはアナロジー力を鍛える良いトレーニングになる。

例えばある企業の不祥事が報じられたら、「これが起こった背景には何があるのだろう」と考えてみる。さらには、「今の時代は企業が何を意識しないと、こうして社会の信頼を失うことになるのだろう」「そのリスクは過去と比べて大きくなっているのだろうか」といったことまで掘り下げて考えてみる。

そして「このリスクについて、自分の会社で議論しておくべきアジェンダはないだろうか」と自分の仕事に接続することができれば、それがアナロジーを活用したということだ。

世間で起こっていることが、自分の仕事や会社とどう結びつき、どんな意味をもたらすのか。この視点からニュースや情報を捉える習慣が、参謀としてのセンスを伸ばしてくれる。

❺ いいことを言うより、いい質問をする

人とコミュニケーションするときに、時間の多くを質問することに使う。一方で、自分の言いたいことについては、なるべく短くシンプルに伝えられるようにする。

これを普段から心がければ、アクティブリスニングのトレーニングになる。

とはいえ、ただ質問すればいいわけではない。大事なのは、「いい質問」をすることだ。

そのためには、以下の点を意識してほしい。

「自分は何を知りたくて聞いているのか」が伝わる質問をする

相手に対して、「自分は何を知りたくてこの質問をしているのか」「この質問への回答からどういう示唆を得たいと思っているのか」の意図が伝わること。これがいい質問の条件である。

この視点がないまま、「この事業はうまくいくと思いますか?」などと質問しても、相

手から意味のある答えは返ってこない。例えば相手が腑に落ちない表情をしているのに気づいて、「何かリスクが気になっているのかな」と思ったのなら、「もしかしたら事業計画のどこかにリスクがあると感じているのではありませんか?」と質問する。これなら相手に自分の質問の意図が伝わるだろう。

質問をするときは、常に「自分の意図が伝わる聞き方をしているか」を意識してほしい。

あえて「素朴な質問」をしてみる

時には、「素朴な質問」もいい質問になる。「こんなレベルのことを聞いていいのだろうか」と普通なら恥ずかしくて遠慮するくらいの、ストレートな質問のことだ。

例えば、これまで時間をかけてさんざん議論しつくしたあとで、「我々は本当にこの戦略をやりきる力があるのでしょうか?」とズバッと質問してみるのもいいだろう。「今さらそんなことを聞くのか」と思うような素朴な質問をあえて投げることで、熱くなっていた議論の場が冷静になり、相手も「本当にこれでいいのか」ともう一度深く考えようとする意識が働く。

いい形で議論に水を差すことで、相手が本質に立ち返り、本当に重要なことが見えてくることは多い。

ただし素朴な質問をするには、こちらにも「こんな素朴な質問をして相手にバカだと思われないだろうか」という弱い気持ちを乗り越える必要がある。

だからこそ日頃から場数を踏み、重要な場面で自信を持って質問できるようにトレーニングを積まなければならない。

トレーニング2

人から学ぶ機会を増やす

❶ テーマごとにネットワークを持つ

人から学ぶには、知りたいことが出てきたときに、すぐ聞きに行ける相手とのネットワークを持っておく必要がある。

「このテーマなら、この人が面白い視点を持っているだろう」という相手を見つけて、自分の中にできるだけストックする。テーマと人を結びつけるレファレンスを自分の中に作るイメージだ。

同じ会社の中を見渡しても、「この人なら自分にはない独自性のある話が聞けそうだ」と思える人と、そうでない人がいるものだ。普段から前者のタイプを見つける視点を持ち、ネットワークを作っておくようにしたい。

あるテーマについて、その世界の有名人や権威とされる専門家の話を聞きたいと思ったら、ためらわずに連絡をとって会いに行くことも必要だ。

ボストン コンサルティング グループのメンバーたちは、若手でも平気で大物と言われる相手にインタビューしに行く。一般企業で参謀をしている皆さんも臆することなく、どんどん会いに行くことをお勧めする。

❷ 多様性の高い環境に身を置く

自分にはない面白い視点は、自分と異なるバックグラウンドを持つ人から得られる。**よって、できるだけ多様性に富んだ環境に身を置くほど、学びの機会は増える。**

その点で、ボストン コンサルティング グループは恵まれている。得意分野も経歴も多様なメンバーが集まり、中には医師免許を持つ人やデータアナリストなど専門性の高いエキスパートもいるので、多様な情報を得やすい環境にある。

だが一般企業では、ダイバーシティに恵まれない組織もあるだろう。しかも自分のポジションが上がるほど周囲の顔ぶれも固まり、社内や同じ業界内だけで人との付き合いが完結してしまうケースは多い。これは非常に危険であり、学びの機会を失うことを意味する。

そういう人ほど、意識的に自分の周りに多様性を生み出す努力をすべきだ。

ある企業の元副社長は、「同じ会社の人間とは個人的なディナーはしない」というルールを自分に課しておられた。そして別の業界や仕事とは直接関係のない人たちの知見を得る機会を意識して増やす努力をしていた。

多様なバックグラウンドを持つ人と接する機会は、自分なりの工夫でいくらでも増やせる。みずから周囲にダイバーシティを生み出すこと自体も、参謀にとって良いトレーニングになると思ってほしい。

❸相談の頻度と成果をトラッキングする

ネットワークを作ったつもりでも、実は活用できていないことはよくある。「こんなときはこの人に話を聞いてみよう」と思っていたのに、忙しくて時間をとれなかったり、自分の作業を優先してしまったりして、せっかくのネットワークを活かせずにいるのはもったいない。

したがって、どれくらいの頻度で相談しているかを定期的にトラッキングするといい。 さらには、相談の結果どのような学びを得られたかも確認する。

話を聞きに行ったものの、仕事に使えるような知恵や情報を得られなかったとしたら、自分の質問の仕方や事前準備に原因がある可能性が高い。それをレビューして、次の相談の機会に活かすことが大きな学びにつながる。

❹ 自分のホームグラウンドを持つ

あなたには、仕事以外にホームグラウンドと呼べる領域があるだろうか。「アートが好き」「サッカーにくわしい」「食のことなら誰にも負けない」など、何でもいい。**自分が強い興味を持てるものがあると、アナロジーの学習機会を増やしてくれる。**

例えばワイン好きなら、「今年のヨーロッパは天候不良でぶどうが不作だったらしい」といった情報はすぐキャッチできる。それを「この現象が自分の会社の経営課題に何か影響を及ぼさないだろうか」と、自分の仕事に結びつけてみるのだ。

一見すると何の関係もなさそうなもの同士を接続して類推するのがアナロジーだが、その一方が自分の好きなことや関心のあることなら、思考のトレーニングは楽しく続けられるだろう。

❺ 情報の格納の仕方に工夫をこらす

人から学んだ知恵や情報は、身内化して自分の引き出しに格納し、必要なときに取り出せるようにしておく。だが格納の仕方がまずいと、うまく取り出せずにせっかくの学びを活用できずに終わってしまう。

格納する際のポイントは、1つのものに対して、複数の視点でラベリングすることだ。

1つのものに対して1つのラベルしかついていないと、そのキーワードでなければ情報を引き出せない。だが複数のラベルがついていれば、さまざまなキーワードで情報を引き出せるし、いくつかのキーワードを組み合わせて意外な情報を引き当てることもできる。だから情報を活用する幅が広がるのだ。

情報をきれいに整理しすぎると、かえって応用しにくくなる。学問的な情報整理ならそれでいいが、参謀が扱う経営課題はもっと複雑だったり、曖昧だったり、思いがけないところまで範囲が広がったりするものだ。同じキーワードでも、会社が置かれている環境や事業のステージによって知りたい内容は違ってくる。

よって、より柔軟にさまざまな方向から情報にアプローチできるように、ある種の煩雑さを残しておくくらいでちょうどいい。何となく、デジタル化によるネットワーキングのように、一見無関係に見えるものの結びつけができるような格納の仕方ができたら最高である。どんなラベリングが自分にとって使いやすいか、試行錯誤しながら工夫するのもトレーニングになる。

トレーニング3

決めごとを定めて必ずやり続ける

自分の中で決めごとを定めるのは、能力を鍛える良いトレーニングになる。決めごととは要するに制約であり、「限られた条件内で最大の成果を出すにはどうするか」を考えることが、自分を成長させてくれるからだ。

ここでは、私自身が過去に試行錯誤で実践してきた決めごとを紹介する。

❶パッケージは「5枚・20枚・その他」で組み立てる

第5章でも述べた通り、私はパッケージを作るときに「キーメッセージは5枚、議論に必要な材料は20枚」で組み立てる。その他は参考資料やバックアップとして扱えばいい。枚数を制限するから、本当に議論すべき重要なポイントを見極め、絞り込める。作業の優先順位もつけられる。**苦労して集めた材料や分析であっても、議論の本質ではないと判断したら捨てるという見切りや損切りの感覚も養われる。**

❷ミーティングで伝えたいメッセージは紙に落としてみる

キーメッセージをシンプルに伝えるには、内容を簡潔にまとめる能力が必要となる。だが、いきなり口頭でそれをやるのは難しい。よくエレベータートークを実践せよと言うが、あれはかなり高度な能力が要求される会話術である。

したがってミーティングの前に、まずは伝えたいメッセージを紙に書いてみることを決めごとにするといい。書けないことは、口頭でも伝えられないと気づくべきだ。

それに紙の上なら、見直して推敲できる。エレベータートークが難しいのは、一度その場で言ってしまったことは修正や練り直しができないからだ。それより簡単な「紙に書く」というトレーニングから始めることで、簡潔にまとめる能力が磨かれる。

このときに意識したいのは「構造化」だ。材料から組み立てるのではなく、「本当に伝えたいことは何か」から考える。これにより、核になるキーメッセージとそれ以外の見極めもつくようになる。

❸ミーティングの目的とゴール感をセットする

これも第5章で詳しく述べたが、決めごととして改めて紹介しておく。

ミーティングの前には、「今日は何を勝ち取るのか」という目的を必ず決める。さらには、成果として「ここまでいけたら大成功」に加えて、「最低限ここまでは獲得する」、の下限のゴール感もセットする。

例えばその日のミーティングで3つの要素を議論したいとき、「3つすべてに結論が出れば◎」「最低でも最も重要な1つについて結論を出せれば○」「1つも結論が出せなければ×」などと決めて、メンバーと共有する。

さらにはミーティング終了後のラップアップで、その結果をレビューする。**事前の目的・ゴール感のセットと、事後の評価をチームでルーティン化することで、ミーティングの質を高めていける。**

❹ スケジュール上のルーティンを事前に設定する

先ほど説明したラップアップミーテングのように常にやるべきルーティンは、事前にスケジュールに入れておく。「ミーティングの後にシニアの時間を30分とって振り返りをする」をチームの決めごとにしたなら、あらかじめその時間をセットしておかねばならない。

また、メンバーとの個別ミーティングもルーティンとして組み込んでおく。

自分が今やっている仕事で付加価値を出せている実感があるか、担当している仕事においてアウトプットを出せそうと思えているか、どこがうまくいかずつまずいているのか。こうしたことをメンバーと話し合い、本人のキャリアディベロップメントに役立てることは、リーダーの大事な務めだ。

これも「日々のクイックなコミュニケーションと月に一度まとまった時間をとって面談する」などと決めたら、必ずやり続ける。「皆も忙しいだろうから」などと言い訳して先延ばしせず、相手の時間を取れるようにすき間時間をうまく見つけたり、早めにスケジューリングする。それも難しいときには、ウェブビデオで顔を合わせる、電話で相手の声を聞く、などの習慣を身につけてほしい。

❺ 質問されたら、一度飲み込んでから答える

相手に質問されたら、とっさに対症療法的な答えを返したり、いきなり反論してはいけない。まずは相手の言うことを一度飲み込み、間を置いてから答える。参謀はこれを決めごとにすべきである。

例えば、自分が提示した分析について、経営層から「この分析はおかしいのでは?」と指摘が返ってきたとする。ここでよくあるのは、自分の分析がいかに正しいかをとうとうと説明し出すパターンだ。だが、「自分はよくやっている」「自分はちゃんと理解してい

る」と示すことを優先するような態度はとるべきではない。

まずはいったん相手の言葉を受け止めて、「なぜこの質問が返ってきたのか」と考えてみる。そして「分析結果のどこに違和感がおありですか?」「そう感じる理由は何にあるのでしょうか?」などと、相手の真意を探る質問を返す。

会話の中では常に、質問の真意や相手の意図を深く知ることを最優先にする。これも参謀にとって大事な決めごとである。

❻ 人の話にかぶせない

難しい経営課題について議論するときは、経営層が自問自答しながら話すことも多い。したがって発言がシャープではなかったり、話があちこち飛んでいるように聞こえることがある。

だからと言って、参謀は相手の発言を遮ってはいけない。「それはこう解釈すべきだと思います」「私の分析によればこういうことだと考えます」などと、人の話にかぶせて自分の独断を押しつけるなということだ。

相手が自問自答しながら話しているときは、そこに何らかの引っかかりや懸念が含まれていることが少なくない。よってまずは相手の話をひと通り聞いて、重要なポイントがどこにあるかをつかむのが先決である。その上で、自分として、相手の視点や考えをどう扱うことが適切か、有効かを考える。

人の話に自分の発言をかぶせない。まずは相手の意図、真意を仮説的にであっても理解する。これは会話の中で本質に迫るための大事な決めごとである。

トレーニング4

メンタルな耐性がつく機会から逃げない

❶ アンカンフォタブルな状況にみずから飛び込む

参謀はプレッシャーの多いポジションだ。だからこそ、簡単にはメンタルが折れない強い心を養わなければいけない。

そのためには、ストレス耐性がつく機会から逃げてはいけない。むしろ自分を強くしてくれる機会と捉えて、そのチャンスを増やすべきである。

なかでも理不尽に感じる場面こそ、メンタルを鍛える絶好の機会だと捉えて、「自分の能力を伸ばすための良いトレーニングになる」くらいに思ってほしい。一見理不尽に思える経験を多く積んだ人ほど、メンタルタフネスが身につくのは間違いない。

❷ 気楽な人間関係だけに甘んじていないかチェックする

仲が良い人や一緒にいて楽しい人だけに囲まれていれば気楽だろう。だがそんな人間関係に浸っていると、価値観やバックグラウンドが異なる相手から、その多様な視点や異論に触れ、「そういう見方もあるのか」と理解する機会を失う。また、身内に囲まれて、「おまえはすごいね」とお互いを褒めたたえ合う環境にいると、自分自身に対する新たな見方の発見や異なる評価を得られることもないだろう。

したがって自分が気楽な人間関係だけに甘んじていないかを冷静に評価し、もしそうなら厳しいことを言ってくれる人や自分と価値観やバックグラウンドが異なる人を相談パートナーにするなどして、自分の心技体を鍛えてくれる相手とのネットワークを作るべきである。

❸ 上手に自己否定する

パーフェクトを目指すと、無理スジの努力も多くなる。**むしろ自分ができることとできないことを理解し、「できないことは仕方ない」と諦めることを覚えるのも大事だ。**

決して自虐的になるのではなく、「自分にできることに絞って伸ばせばいいのだ」と明るく上手に自己否定することが重要となる。そして、自身の足りないところを自分の強みの何によって、あるいは自身のネットワークやチームの誰によって補うか、をよく考えることが重要になる。

分析はどこまで努力しても彼には敵わないが、その分析結果をどう使って人を説得して、組織を動かすか、には強みがある。あるいはカスタマーインサイトを引き出すことなら、一流になれると思うが、具体的なモデルに組み立てるのはどうも苦手。このように、人によって強み、弱みは十人十色である。

そして、人間にはできないことがあって当たり前である。それを前提として自分にとって最大のパフォーマンスを発揮できるベストな組み立てができれば、いつも安定したメンタルを保つことができる。

トレーニング5

そして、最後は「定期診断」

❶ 自分のクセや弱みが改善しているかを定期的にチェックする

学びの質を高めるには、チェックリストが欠かせない。**行動を振り返るときのポイントを知っているからこそ、経験から学べるのである。**

まずは本書で解説してきたことを参考に、自分のクセや弱み、さらには強みがどこにあるのかを理解してほしい。それをもとに、「何ができればクセや弱みが改善されるか」「どうしたら強みはさらに磨かれるか」をチェックリスト化する。

このリストをもとに定期診断をすることで、自分の成長を確認できる。

❷ 自信がついたときこそ定期診断する

参謀として経験を積むと、次第に自信もついてくる。だが、そこで定期診断をやめてはいけない。むしろそんなときこそ、チェックリストで振り返るべきだ。

自信がつくと、人にはおごりが生まれる。そして周囲の人に対しても、「自分が一番正しい」という押しつけがましい態度をとったり、意見の異なる相手を無理に説得しようとする。

だが本書で繰り返し述べてきた通り、これは参謀が絶対にやってはいけないことだ。したがって定期診断の中身は進化していくかもしれないが、診断自体は「ここまできたら大丈夫」とやめていいのではなく、ずっと続けるべきものであると心得てほしい。

なお、自己診断だけでなく、周囲の人にフィードバックをもらうのも有効な定期診断になる。自分がおごった物言いや押しつけがましい態度になっていないか、聞いてみるのだ。辛辣なフィードバックを直接もらうことは勇気がいるかもしれないが、経験が長い参謀ほど得るものは大きいので、ぜひ実践してもらいたい。

❸「4つの心の病」をチェックする

私が定期診断をするときに、必ず確認することがある。それは「4つの心の病」に陥っていないかどうかだ。

その4つとは、「自惚(うぬぼ)れ」「おごり」「甘え」「マンネリ」である。

これはユニ・チャームが全社員と共有している「ユニ・チャーム語録」から拝借したものだ。仕事で迷いが生じたときに社員が参照すべき原理原則をまとめたもので、その中にこの「4つの心の病」が含まれている。

自分の心の状態をチェックするのに非常にいいポイントなので、私は自分の机にこの言葉を貼っている。そして、定期的にこれらの心の病にかかっていないかを自問し、自らを戒めている。

良いチェックリストは、参謀としてのセンスを伸ばす最良の教材となる。

ぜひ皆さんも、自分だけのチェックリストを作って、日々のトレーニングに活かしてもらいたい。

図表16　明日からできるトレーニング

自分なりの学びの
パターンを習得する
人から学ぶ機会を
増やす
決めごとを定めて
必ずやり続ける
メンタルな耐性がつく
機会から逃げない
定期診断

対談2

課題設定力を磨き、「質問していい相手」を増やす

JTインターナショナル シニア・バイス・プレジデント
筒井岳彦氏

「もっと良くしたい」がドライバーに

杉田　筒井さんにぜひ伺いたいのは、JTという舵取りが難しい企業において、経営参謀としてどのような役割を果たしてこられたのかです。

中核事業のたばこは長期的にはダウントレンドであり、社会的な受容性の難しさが高まっている。一方で、現実的には今もたばこ事業が会社の主力として大きな利益を上げていて、しかも新興国においてはまだ成長の余地もある。この状況下で、企業としてどのように社会的な存在意義を再定義していくかというテーマに取り組むのは、そう簡単なことで

はないとお察しします。

その役割を果たすために、経営参謀としてどのような信念やスタイルを大事にされていますか。

筒井　私にとって最も大きなドライバーは、「もっと良くしたい」という思いです。少し漠然とした言い方に聞こえるかもしれませんが、これは自分が入社したばかりの頃の原体験に基づいています。

最初に配属されたのは、たばこ工場でした。そこで生産管理を任されて効率化や機械化に取り組んだのですが、工場という現場は小さなことでも工夫すれば結果が出やすいのがいいところです。もちろん最初は失敗続きでしたが、それでも「もっと良くしたい」と思って前へ進んでいくと、少しずつ結果も見えてきます。

その後、経営企画部に移り、さらに海外事業へ異動しましたが、この新人時代の気持ちが今も私の根っこにあるのだと思います。

杉田　それはつまり、目の前の状況に対して常に課題を発見してきたということでもありますね。

筒井　おそらく私は〝現状不満足型〟なんでしょうね。今の状況に対していつも満足していない。

何かを変化させようとしているときはその努力に没頭できるのですが、それが終わると目の前のことはまた「現状」になってしまう。すると「今思うと、ここはもうちょっと良くできたんじゃないか」と思い始めるわけです。それでまた前へ進み始める。それが私の推進力になってきました。

杉田　一度変化を成し遂げて達成感に浸るのではなく、すぐに次の変化への思いが自分の中から湧いてくる。これは経営参謀として、長期的に課題を設定し続けるための重要な資質だと思います。

筒井　もう1つ、自分のこだわりを挙げるとすれば、「打ち上げ花火のような仕事ではなく、確実に変化を実現したい」ということでしょうか。

何かを「やります」と発表したときがピークで、その後の実行段階では力を失っていき、

つつい・たけひこ
1997年、JT（日本たばこ産業）入社。小田原工場、本社製造部を経て、経営企画部で企業買収プロジェクトに参画。2005年よりスイスのJTインターナショナルに出向。海外企業のM&Aを多数手がける。2012年に帰国し、JT本社の経営企画部長に就任。2014年、執行役員。2020年より現職。

数年すると誰かがまた同じような課題でもう一度花火を打ち上げる。こんな事業や企画がよくありますが、私はそれが好きではないし、時間の無駄だと感じます。

そんなことをするくらいなら、発表は地味でもいいので、その後の実行プロセスを着実に前に進めたい。すると同じ歳月が過ぎたとき、「着実に前に進んだ5年間」と「打ち上げ花火を上げて元に戻った5年間」で、その差はかなり大きく開くはずです。

たとえ結果として変化率が小さくなったとしても、確実に次の変化を作っていく。これが経営参謀としての私のスタイルです。

アジェンダを設定しない議論の場を作る

杉田　先ほど話したように、貴社の現状はコア事業が大きな収益を上げていて、新興国というマーケットも残っている。しかし一方で、先進国においてはたばこ事業が長期的なダウントレンドに入っているのは明らかです。

この複雑で予測不可能な世界において、経営参謀としてどのようにアジェンダを設定してこられたのですか。

筒井　こんな時代だからこそ、まずは「アジェンダを設定しない議論の場」を作ることが大切だと考えています。

過去の課題は非常に明確でした。例えば、「日本専売公社から民営化へのプロセスをどう推進していくか」といったものです。そして課題に対する解決法も、いくつかのパターンが想定できました。このケースなら、「海外市場に進出する」「他分野の事業に参入する」といった解決法がありました。

杉田　ベンチマークの設定も、海外で公営から民営化を果たした事例を参考にできますね。

筒井　おっしゃる通りで、海外や異業種の先行事例から解決法を導き出すことも可能でした。ところが現在は、解決法よりも前に、「課題そのものをどう設定するか」が非常に難しくなっています。

では課題を設定する場をどう作るかと考えてみると、いきなりその場でアジェンダを設定する必要はないと思っています。むしろ「皆さんは何が課題だと思いますか？」というぼやっとした投げかけをして、参加者が何を言ってもよさそうだと思える場をセットすることが重要ではないでしょうか。

経営陣はそれぞれに担当領域がありますし、「これは言っても仕方ないな」「こんなことを言うと元も子もない」と思って口に出さないことも多い。たばこ事業のダウントレンドにしても、「今それを声高に言ったところでどうなるのか」と考えるので、課題になりにくいのです。

だからこそ、あえてアジェンダを設定せず、「皆さんの中にある課題を何でも言ってください」という場を作る必要がある。すると異なる担当の経営陣の間でも、同じような距離感を持っている課題と、そうでもない課題が出てきます。

杉田　率直に課題を出し合うことで各人の心象風景が見えてきて、お互いにどの課題意識が重なっているのかといった関係性が明らかになると。

筒井　ただし、そのためには参加者の強いコミットメントが必要です。アジェンダのない状態で集まった人たちが、「終わってみればいい1日だった」と感じられて、「もう1回やろうよ」と言いたくなる。私もそこを目指して参加者に働きかけます。

一例を挙げると、「たばこ産業は長期的に見れば新興国市場も含めてどこかの時点で成熟するので、事業量そのものが構造的に伸びない」という課題があります。これについても、課題に真正面から向き合うレイヤーと、それは言っても仕方ないから、この課題を前提としてどうするのかを考えるレイヤーがあります。

この場合、後者のレイヤーを引き出していかないと、なかなか本質的なところは見えません。実は社員たちが漠然と不安に思っていることも、このレイヤーにある場合が多いので、そこに経営陣が向き合う場を作りたいという思いもあります。

日常的な会話の中でトップをその気にさせる

杉田　ただ、明確なアジェンダを設定しない場を作ること自体が、非常に難しいのでは？　経営者によっては、「何を意思決定するかもはっきりしないようなことに、なぜ時間を使わなくてはいけないんだ」とか「それを考えるのが参謀の仕事だろう。自分の役割を投げ出して、私たちに課題設定をしろというのか」といった反論が出てくることもあるでしょう。

その中で、どうやって参加者たちが本気で議論に挑む場をセットするのですか。

筒井　これは組織の特性によって異なるかもしれませんが、弊社の場合は、社長のリーダーシップで進めることが不可欠です。まずは社長が「ぜひやりましょう」と言って社内の雰囲気を醸成し、経営陣に「とにかく1日だけ付き合ってくれ」と働きかけてくれないと、なかなか実現しません。

これをボトムアップでやると、いくら私が「ご自由に議論してください」と言ったところで、話し合いが盛り上がるはずがありません。「ここでは何を言ってもいいのだ」というエンゲージメントルールを伝えるためにも、やはりトップダウンで進めるのが現実的です。

杉田　すると次にお聞きしたいのは、「トップをどうやってその気にさせるか」ですね。

筒井　私が実践しているのは、社長との日常的なコミュニケーションの中で、雑談のようなフランクな会話をしつつ、「こんな議論も必要ではありませんか」という働きかけをあの手この手ですることです。

「最近は『不確実性の時代』とか『ディスラプション』といったキーワードをよく耳にしますが、これは自分たちにとってどう関わりがあるんでしょう」「JTにも影響があるとしたら、これから私たちはどうやってレバレッジをかけていけばいいのでしょうね」といったことを常日頃から会話の中に出す。そして「こうしたテーマは経営計画を立てるための議論では出にくいので、何でも言い合える場を一度作りませんか」と提案する。これを繰り返し続けています。

特にここ数年は、こうした議論がしやすくなったように感じます。10年前に「次はこんな時代が来ます」といってもあまり説得力がなかったのかもしれませんが、今は変化の時代ですから議論の俎上（そじょう）に載せやすい。経営参謀にとって、時代の追い風が吹いているように思います。

杉田　先が見えない時代の中で、自分たちがどこまで視野やスコープを広げて議論をしていくべきなのか。その認識を経営陣の間で揃えることの重要性が、以前よりも強く認識されるようになったということでしょう。

筒井　ＪＴの場合はたばこ産業の構造的課題がかなり昔からわかっていましたので、もともと経営陣の間に議論することへの拒否感はありません。私たちはこうした本質的な話し合いを〝青臭い議論〟と呼んでいますが、それを前向きにやろうとする組織文化があるので、経営参謀としてはありがたいですね。

世の中の情報と自分たちをつなげる

筒井　もう1つ、ＪＴ社内における私たち参謀の役割があります。それはいったん広げた視野やスコープを、もう一度自分たちの事業に引き戻し、つなげることです。

例えば以前、米国で仕事をしている方から、ペインマネジメントに関するリサーチの手法について教えてもらったことがあります。ある企業が腰や膝の痛みを薬に頼らずにマネージする方法を研究し、1日24時間の痛みの波をバイオリズムのチャートのように描き出す手法です。

その話は、当時の私にとって非常に刺激的でした。

「今はそんなリサーチ手法があるのか。マーケティングリサーチでは購買点や消費点などの点をたくさん集めて分析するのが普通だと思っていたが、自分たちのビジネスも点ではなく、24時間のバイオリズムでお客様の消費行動を捉えられたらどうだろう。たばこを吸うのはストレスが高まったときなのか、もしくはリラックスしたときなのか。それがわかれば、商品のメッセージも変わってくるのではないか」

そんなことを考えました。つまり、「この話を自分の会社や事業につなげるとどうなるかな」と発想したわけですね。

杉田 一見すると自分たちに関係なさそうなことに対して、「これは自社の事業にとってどんな意味があるのか」と考える。これこそまさにインサイトであり、高度な翻訳作業のようなものですね。

筒井 杉田さんのように世界中のトレンドやプラクティスに触れている方たちに比べれば、私たちは情報量ではとても敵いませんが、自社の環境や事業にどうつなげていくかは社内にいる経営参謀の働き次第です。

これが「○○社はこんなことをやっています」と経営陣に伝えるだけでは、「へぇー」で終わってしまう。それを自分たちのテリトリーに持ち込み、1つの接点で結びつけられれば、社内の議論を豊かにできます。

きっと私は、ハッとするのが好きなんでしょうね。「もっと良くしたい」という思いが根底にあるので、ただインプットをもらうだけでは満足度が高くない。それが自社の事業や仕事につながったときに、初めて自分の中では腹落ちするのです。

だからある意味で楽観主義なのかもしれません。「人からもらうインプットは、どれも絶対に会社を良くすることにつながるはずだ」という確信めいたものが、自分の中にあるような気がします。

対立構造を作らず、双方の一致点を見つける

杉田　議論の場を作ったら、今度はその議論をいかに活性化するかが経営参謀の腕の見せどころになります。

浅いレベルで停滞しそうな議論にいかに切り込み、意見のやりとりを誘発するか。そのアプローチは経営参謀によってさまざまですが、筒井さんはとても柔らかく議論に入りつつ、でも重要なポイントは逃さず切り込むタイプとお見受けしています。経営層への問いの突きつけ方や刺激の仕方について、心がけていることはありますか。

筒井　対立構造にしないことですね。衝突からは建設的なものが生まれにくいと思っていますので。

もちろん、ぶつかり合いがより良い意見を引き出すことも当然あるでしょう。でもA派・B派がいたとしたら、それぞれの意見を一定程度まで抽象化すれば、双方が一致する

ことは多い。さらにその一致点を再度紐解いていくと、A派でもB派でもないC派が生まれることもよくあります。

ですから議論の中で対立構造が生まれたときは、どちらかに妥協していただいて勝ち負けを決めるのではなく、「ここまで抽象化すると、皆さんは同じことをおっしゃっていますよ」と言えるかを常に考えます。実際、双方が言っていることの本質は同じで、単にアプローチがAかBかで異なるだけということは多いですから。

杉田 つまり、もう一段メタなレベルに論点や視点を持っていくのが、筒井さんの役割ということですね。

筒井 ええ。私の投げかけが的を射ていれば、A派からもB派からも「確かにそうだ」と納得していただける。そして緊張した場がほぐれ、「なんだ、私たちは仲間じゃないか」と思ってもらえます。双方の主観をメタレベルで結ぶことができれば、それぞれの視点が客観に変わるのです。

あとは全員が仲間であることを前提に、「すでに皆さんはこの点で一致していますので、次はオプションをどちらにしますか」という冷静な議論に持ち込めます。ただしメタのレベルを上げすぎると、誰にも反論しようがない総論的な話になってしまうので、そこは注意します。

杉田　抽象化の度合いが上がりすぎると、「世の中は平和な方がいいよね」といった話になってしまいますね。

筒井　それでは議論にならないので、この場合は逆に具体化するための投げかけをします。「前回はこんな数字が出たわけですが、今のお話とどうつながりますか？」といった問いかけをして、今度は各論へ戻ってもらいます。

杉田　あえて反対の方向へ話を振ってみるのですね。

筒井　アジェンダのない議論では、「抽象・具体」「自社事業から遠い・近い」の二軸からなる面を、いかに縦横無尽に走り回るかがカギだと思っています。メタへ広げたり、各論へ戻ったり、自分たちの事業とは関係なさそうな話題を振ってみたり、自社の実績や社内の実情と結びつけてみたり。

　こうしてあちこち駆け巡っていると、今度はその中で不整合が見えてきます。そのときは、「今の話と先ほどの話は意味するものが違いますよね。このあたりはどう考えましょうか？」といった投げかけをして、また参加者たちの会話を拾い集める。すると「そこは別に整合性を求めなくてもいいかな」と思えることもあれば、「ここはやはり一致させないといけないから、もう一度議論に戻ろう」といった判断になることもある。そうやって議論を誘発していくイメージです。

反論ではなく、他の視点から見た光景を示す

杉田　筒井さんを見ていて感じるのは、とてもチャームがあることです。同じことを他の人が言ったら、経営陣から「失礼なやつだな」と怒られそうなことでも、なぜか許されてしまう。この点はご自分でも意識されていますか。

筒井　自分にチャームがあるという自覚はまったくありませんが（笑）、そう思っていただけたとしたら、理由は2つほど考えられるでしょうか。

1つは人として当たり前ですが、礼儀を大切にすること。自分より経験のある方たちへの敬意はどんなときも忘れてはいけないと、いつも自分に言い聞かせています。

もう1つは先ほど話したように、対立構造を望んでいないこと。もちろん私自身にも意見はありますが、何か違うなと思っても相手に反論するのではなく、違う解釈として提示するようにしています。

「なるほど、Aという地点から見るとその通りです。では、BやCという地点から同じものを見ると、こうは見えませんか？」。こんな伝え方をするように心がけています。

杉田　相手の視点を動かしたり、スコープを広げることで、その人の意見はいくつもある選択肢の1つであると伝わりますね。

筒井　反論に反論を重ねても、結局は組織に緊張関係が生じるだけで、建設的にシナジーを生み出すことはできません。私たちがプロフェッショナルな経営参謀として成果を上げるには、どちらが正しいかを決めるのではなく、1足す1が3にも5にもなる仕事をしなければいけない。誰かを否定するのではなく、組織の中にある多様性や多面性を引き出していくのが我々の役目です。

杉田　その心構えがあるから、自然とチャームや柔らかさが生まれるのでしょう。

筒井　「議論とはディベートではない」というのが私の考えです。ディベートは勝ち負けを決めるもので、議論とは最終的に何かを建設するためのものです。

ですから非建設的な対立が続くくらいなら、そんな議論はこれ以上やらない方がいい。多大なエネルギーを費やした結果、社内にギスギス感だけが残ったら、これこそ力の無駄遣いです。

いったん始めた議論をやめるのはパワーがいります。でも経営参謀には、「建設的にならない議論は切り上げる」という覚悟が求められる。「皆さんのスケジュールを押さえてしまったから、何とかそこまでこの状況を耐え抜こう」と考えるのは、あまりに無意味です。

その代わり、そんな結末にならないように、事前の準備とその場の努力は最大限にすること。私は常にそれを肝に命じています。

物事に興味を持てば、人とのネットワークが生まれる

杉田　次世代の経営参謀を目指す人たちは、どんなトレーニングをして資質や能力を伸ばしていくべきだとお考えですか。

筒井　これまで話してきた通り、今の時代の経営参謀に求められるのは「課題設定力」です。その力を伸ばすには、「今、解くべき課題は何なのか」をモヤモヤと考え続けるしかないように思います。

そしていろいろな人に自分の考えを話してフィードバックをもらい、そのインプットをもとにまた考えて、それをまた別の人にぶつけてみる。私もその繰り返しの手間を惜しみませんし、社長や副社長から社外の人まで、できるだけたくさんの人を相手にその機会を作るようにしています。

杉田　私から若い人たちにアドバイスするなら、ぜひ筒井さんのネットワーキング力を学んで欲しいですね。筒井さんは面白い人がいると聞くと、相手が海外にいようとすぐ会いに飛んで行くじゃないですか。この行動力は半端ではないと思います。

筒井　ありがとうございます。ただ自分としてはネットワークを作るためというより、単

純に興味があるんですよ。一次情報ほどパワフルなものはないので、面白いものがあるなら実物を見たり触ったりしたいし、それに関わる人の話を聞きたい。いつもその一心で動き出します。

相手に興味があると、聞きたいことがどんどん湧いてきて、たくさん質問できます。質問すると相手への興味が伝わるので、相手もいい気分になってくれるんですね。するとお互いの距離が縮まって、その人が来日するときに「今度そっちへ行くけど、コーヒーでも飲まない？」と誘ってくださったりします。

つまりネットワーキングとは、「質問していい相手」をどれだけ作れるかではないでしょうか。するとモヤモヤと課題を考え続けているときも、いろいろな人に相談できます。

杉田　交換した名刺の数を増やすことがネットワーキングだと思っている人もいますが、そうではありませんね。

筒井　私には杉田さんをはじめ、相談できる人がたくさんいます。その代わり、「今度会いませんか？」と連絡して相手に時間を作ってもらうには、「筒井と過ごす1時間は無駄ではない」と思っていただかなければなりません。

ですから自分が相談するだけでなく、相手が自分に相談してくれたときは全力で応えますし、その人のために出せるものはすべて出す。そうやって信頼関係を一つひとつ築いていくことが、名刺の数を増やすよりずっと大事です。

今の不確実な時代には、わからないことや知らないことを放置すると、それが自社の足元を揺るがすような影響を与えることもあります。ですから経営参謀を目指す方たちには、若いうちから「質問していい相手」をたくさん作ることをお勧めします。

若者は「おじさんの言語」を学ぶべし

筒井　若い人たちへのアドバイスを付け加えるなら、「おじさんの言語を学んでください」とお伝えしたいですね。

杉田　その意味するところは？

筒井　「うちの経営陣には言ってもわからない」と不満や諦めを感じている若い人たちは多いでしょう。でも世代間のすれ違いがなぜ生まれるかといえば、おじさんと若者は違う言語をしゃべっているからです。

もちろん同じ日本語ではあるのですが、それぞれの辞書にある定義がまったく違う。だから日本語同士でコミュニケーションしているのに、お互いの言っていることが理解できないし、話が通じないと感じるのです。

杉田　英語と日本語なら言語の違いを前提とした議論が始まりますが、形としてはどちらも日本語なだけに、まさかお互いが異なる言語で話しているとは気づかない。

筒井　そうなんです。経営陣の方たちは、若者とは生きてきた時代背景も育ってきた環境も大事にしてきた価値観も異なります。同じ発音や単語で話しているはずなのに、その言葉を聞いたときに頭に浮かぶ絵は、おじさんと若者ではまったく違っている可能性があるのです。

ですから若い人たちには、「上の世代の人たちの言語を学ぶ努力はしていますか」と問いかけたい。もちろん、おじさんたちが若者の言語を学ぶ努力も必要ですが、若い世代も相手を理解する努力はすべきでしょう。

おじさんたちの言語を理解した上で議論や会話をすれば、自分の言いたいことが相手にちゃんと届きます。でも、若者が自分の言葉でまくし立てたら、おじさんたちには伝えたいことの一割も届かない。それは非常にもったいないないですよね。

だからぜひ、世代間の「言葉の壁」を乗り越える努力をしていただきたい。若い人ならではの時代観と感性と発想力を経営陣に差し込んで、会社の変革に貢献してくれることを期待しています。

おわりに

未来のリーダーたちへのメッセージ

本書はここまで、経営参謀の仕事を私なりに分析し、どんな心構えが必要になるのか、どうすればセンスや能力を磨くことができるのか、ということについてお話ししてきた。最後に、読者のみなさんのキャリアにおいて、本書の内容を最大限に生かすために、という視点から、３つのポイントについて触れておきたい。

1　できるだけ若いうちから始める

ある合同役員勉強会で、グローバル企業の元トップの方とお話しする機会があった。その方は「欧米と比べて、日本人は明らかに『自分が経営層になったら、どうするか』を意識するのが遅い」とおっしゃっていた。欧米の多くのビジネスパーソンは、20代の頃から「自分が社長になったらどうするか」という視点からものを考え、行動している。その意識や意気込みの違いが、20年、30年経つと非常に大きな差となって表れる、とのことだった。

私もまったく同感である。

本書を執筆した動機のひとつとして、次代のリーダーとなる経営参謀たちに、早いうちから経営者の視点を意識したものの見方・考え方を身につけてほしい、ということがあった。

20代・30代の若いうちから経営者になる覚悟をもってトレーニングを重ね、経験を一段ずつ積み上げていくうちに、経営参謀としての能力が高まるのはもちろんのこと、今後プロフェッショナルな経営者になるための準備につながる。そうしたリーダーたちを生み出すお役に立てれば、と考えたのである。

2 ネガティブ・ケイパビリティを身につける

一方で、経営参謀は経営者とはちがい、自ら意思決定できる範囲は非常に限られており、ある意味〝宙ぶらりん〟な状態に置かれがちだ。しかも、バックグラウンドが多様な人たちを調整し、束ね、議論をまとめるという、気苦労の絶えない役回りを担っている。

だからこそ、経営参謀として必要な能力の1つとして、「ネガティブ・ケイパビリティ」を身につけてもらいたい。このネガティブ・ケイパビリティは、不確実さや曖昧さに耐える能力のことで、19世紀の英国の詩人ジョン・キーツが提唱したといわれている。

小説家で精神科医の帚木蓬生氏の著書『ネガティブ・ケイパビリティ』をもとに簡単にまとめると、以下のようになる。

・目の前の事象について、無理に理解の帳尻合わせをせず、不思議だと感じる気持ちを忘れずに持ちこたえること
・わからないことに直面したとき、多くの人は希望的観測をもって意義付けしてしまいがちである。この傾向を理解し、避けること
・浅い理解にとどまらず、物事を観察し、うまく説明できるかどうかの検証をし続け、より深い理解に到達できるよう、不断の努力を続けること

経営参謀の仕事に置き換えていうならば、意思決定の場で「違和感を抱いたときに、浅い説明をつけて納得しない」「結論ありきで議論を誘導しない」など、本書で繰り返し述べてきた心得がこれに当てはまる。ＶＵＣＡといわれる時代だからこそ、答えが簡単に出ないもどかしさや気持ちの悪さから逃げず、つきつめていくタフさが必要になってくるのである。

3　ダイヤモンドループを回す

図表17を見てほしい。成長するために必要な学習サイクルを「ダイヤモンドループ」として表現したものだ。

一番入口にあたるのが「運」「きっかけ」だ。機会というものは、実は誰にでも平等に訪れるものだ。それを「運」「きっかけ」であると認識できるかどうかで、以降のループが回せるかどうかが決まってしまう。

何かがあったときに、難しそうだ、どうせ役に立たないと考えて遠ざけてしまうのではなく、「これは成長につながるかも」「今は役立たないが、いずれ経験として生かせるかも」とポジティブにとらえられるかどうかが分かれ目になる。

そうして得た機会を、漫然と言われた通りこなすのではなく、何を学べるのか、つぎにどうつなげていくのかを自分なりに考え、仮説を立てながら、さまざまなトライをする。そこから生まれた成功や失敗という結果を通じて、なぜそうなったのか、仮説を検証しながら分析し、再現可能なものとして自分の中に格納する。こうして積み重ねた経験から学習し自分の資産として蓄積していくことで、それがまた新しいチャンスをもたらしてくれる。

図表17　学習力を磨く“ダイヤモンドループ”

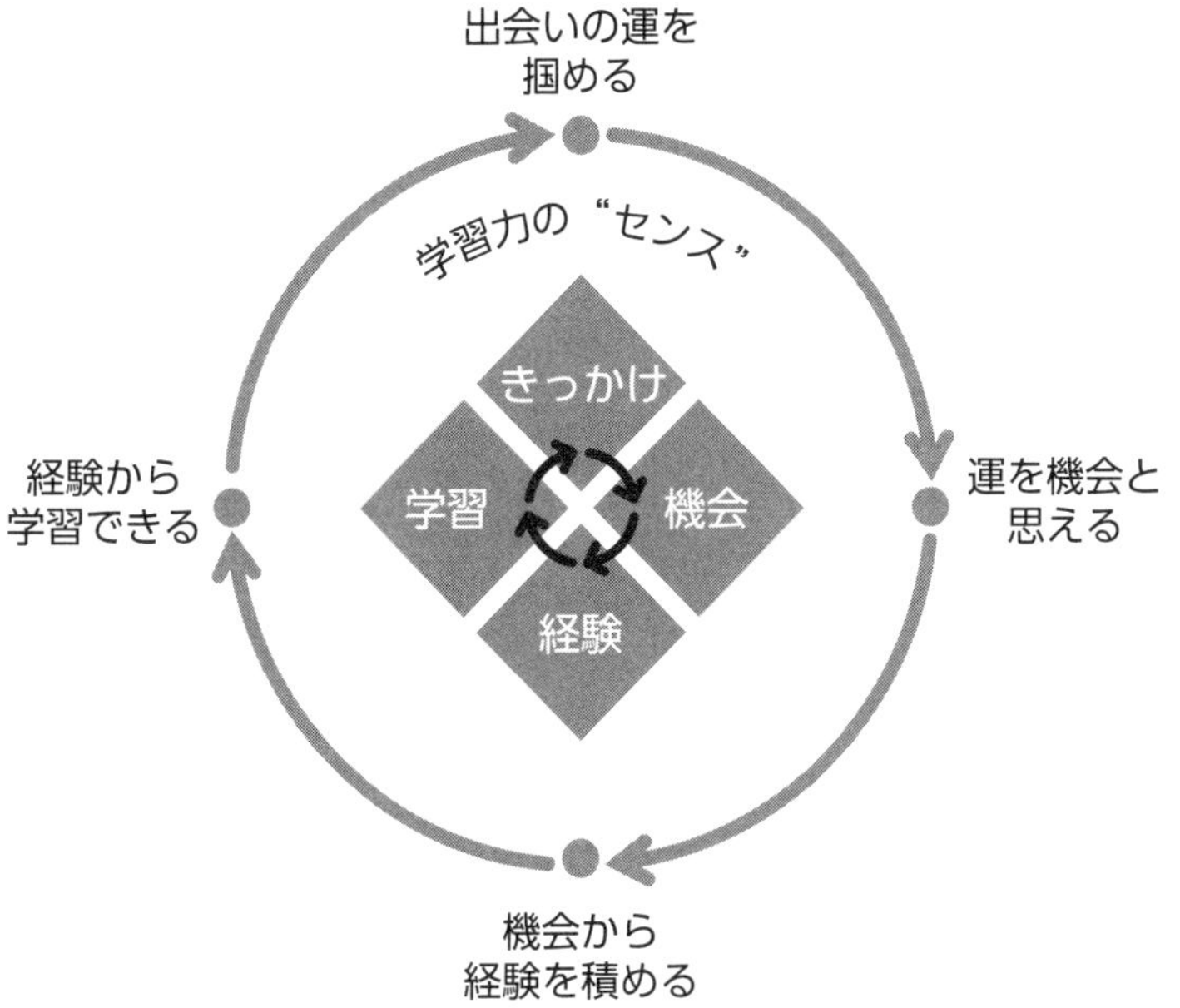

このようにスパイラルで上昇しながら成長できるかどうか、その決め手となるのがこれって面白い経験になるかも、という好奇心、探求心、そして向上心、目標や目線の高さである。先ほど述べたように、若いうちから高い意識をもってこのループを回すことが、経験の量と質を高め、学びの機会を増やしてくれ、ひいては参謀、リーダーとしてのキャリアに好影響をもたらすのである。

経営参謀とは、未来のトップリーダー予備軍である。本書を読んだ方が、高い壁を超えて本当の意味でのプロフェッショナルな経営者になってくれたとしたら、著者として望外の喜びである。

最後に、本書を刊行するにあたってお世話になった方々への謝辞を述べたい。
まず、コンサルティングの現場や日々のさまざまな活動を通じて意見交換をさせていただいている経営層、経営参謀のみなさま方に御礼申し上げる。特にリクルートホールディングスの池内省五氏とJTインターナショナルの筒井岳彦氏には、本書中でも私の対談相手としてご登場いただき、示唆に富んだ素晴らしいお話をお聞かせくださった。
本書の企画・構成、出版にあたっては、塚田有香氏、日経BP日本経済新聞出版本部の赤木裕介氏にご協力いただいた。

ボストン コンサルティング グループの同僚である満喜とも子氏、小野澤由紀氏、古田鈴乃氏には、本書執筆のために何かとご支援いただいた。また、本書の内容は、多くのプロジェクトで議論を重ねてきたクライアントの方々、そしてＢＣＧのコンサルタントたちとの仕事がベースになっている。

多くの皆様の支えなくして、本書の刊行はなかった。記してここに御礼申し上げたい。

２０２０年５月

ボストン コンサルティング グループ日本代表　杉田浩章

杉田浩章（すぎた・ひろあき）
ボストン コンサルティング グループ日本代表。
東京工業大学工学部卒。慶應義塾大学経営学修士（MBA）。株式会社日本交通公社（JTB）を経て現在に至る。消費者・生活者向けビジネス、メディア・通信、産業財等の業界を中心に、デジタルトランスフォーメーション、新規事業開発、事業構造改革、組織・ガバナンス改革、マーケティング戦略策定・実行支援、営業改革等のコンサルティングを数多く手掛けている。BCGグローバルのハイテク／通信／メディア分野に関するエキスパートグループ、および、消費財／流通分野に関するエキスパートグループのコアメンバー。国連世界食糧計画（WFP）協会理事。
主な著書に『リクルートのすごい構〝創〟力』『BCG流戦略営業』など。

プロフェッショナル経営参謀

2020年6月1日　1版1刷
2020年7月13日　　3刷

著者	杉田浩章
	©Hiroaki Sugita & Boston Consulting Group, 2020
発行者	白石　賢
発行	日経BP　日本経済新聞出版本部
発売	日経BPマーケティング
	〒105-8308　東京都港区虎ノ門4-3-12
装幀	野網雄太
本文デザイン	野田明果
本文写真	有光浩治
本文DTP	朝日メディアインターナショナル
印刷・製本	三松堂印刷

ISBN978-4-532-32342-4
Printed in Japan

本書籍に関するお問い合わせ、ご連絡は下記にて承ります。
https://nkbp.jp/booksQA